난독증 아이를 키우는, **치료사 엄마의** 비밀노트

파란만장
우리아이

글 엄지원
그림 이송현

난독증 아이를 키우는, 치료사 엄마의 비밀노트

파란만장 우리아이

"초등 문해력이 평생 문해력을 좌우합니다."

아이 키우기도 문해력 키우기도 막막하시죠?
소리샘의 솔직한 이야기가 물음표를 느낌표로 바뀌게 합니다.
20년 내공의 대치동 전문가가 문해력에서 글씨체까지 모든 것을 알려드립니다.

바른북스

파란만장한 삶을 살고 있을
아이와 고군분투하고 있을
누군가에게 응원이 되기를

서문

 이 책은 난독증 치료사인 나와 난독증인 우리 아이가 파란만장한 시절을 치열하게 보낸 이야기이다.

 사랑스럽기만 했던 우리 아이. 그 아이를 지켜볼 수밖에 없었던 안타까움을 넘어 심장을 파고들었던 아픔에 카페 한구석에서 숨죽이며 눈물을 훔쳐 가며 써 내려간 날이 얼마나 되었는지 모른다.
 미리 말해 두지만 이 이야기의 끝은 해피엔딩이다. 그래서 이 책을 집어 들게 될 누군가의 작은 희망이 커다란 확신이 되어 다가가길 바란다.
 난독증 아이에게 독한 엄마가 되어 참고 기다리고,

적절히 교육하고, 다시 응원하며 함께 간다면 분명 그 길에 끝은 있다. 물론 지루하고 험난한 길이라는 건 누구나 알 수 있을 것이다.

내가 이야기 형식의 글을 쓰리라곤 생각해 본 적이 없었기에 에피소드를 써 보라는 조언이 막막하게만 느껴졌다. 몇 주를 멍하니 흘려보내다 주저하며 글쓰기를 시작했는데 그 힘은 무서웠다.

쓰기라는 작업은 내 기억 속에서 우리 아이를 생생히 끄집어내 주었다. 그리고 심지어 쓰면 쓸수록 시공간을 초월해 그때, 그 장소에 나를 갖다 놓아 버리기까지 했다. 그래서 그 당시 지나쳐 버렸던 햇살의 눈부심에서 먹먹했던 가슴속 통증까지 느껴 볼 수 있게 되었다.

글자를 깨치는 데 어려움이 있는 아이는 그 부모도 그런 기질일 수 있다. 나도 책 읽기가 유희로 받아들여진 적은 없었다. 그저 의무감과 책임감으로 책을 대했을 뿐이다. 이렇게 책과는 친하지 않은 사람들이 내가 가르치는 아이들의 부모일 수가 있다.

그러기에 이 책만큼은 그러한 사람들에게 책 같지 않

은 책으로 다가갔으면 한다. 그래서 말 못 할 고민의 무게를 이겨내 보려 책장을 들춰 봤을 때 글자의 중압감에 다시 덮지 않게 되었으면 좋겠다. 얇지만 얕지만은 않아 기대하지 않고 읽어 본 몇 줄의 글귀에서 공감과 위로가 전해지기까지 꿈꿔 본다.

 이 책의 글 중 〈깨 좀 털자〉는 모음 'ㅐ'와 'ㅔ'의 변별의 어려움과 그 접근 방법을 다루고 있다. 그런데 나는 얼마 전 우리 아이와 담임 선생님의 문자를 보다가 흠칫 놀랐다. 선생님의 지시문에 아이가 '내'라고 대답을 적어 보내는 것이 아닌가. 나는 아이에게 핀잔을 줬다.
 "너 아직 '네'도 헷갈리는 거야?"
 그러자, 아이는 당당하게 대답했다.
 "요즘에는 다 '내'로 써. '네'라고 쓰면 꼰대 소리 들어."
 소위 MZ세대들은 그 간단한 '네'를 일부러 '내'라고 쓴단다. 그리고, 그것을 꼰대는 기준으로 정당화해 버렸다.
 이렇듯 언어는 변화하는 것이다. '반시옷', '아래아'까지 들먹이지 않아도 '~읍니다.'가 '~습니다.'로 바뀌는 것을 이미 겪어 보았다.

버젓이 '내'라고 대답을 적는 아이의 문자를 보자, 난 이런 생각이 들었다.

'좀 있으면 'ㅔ'도 없어지겠는걸. 아니 없애 버리겠는걸.'

난독증 아이를 키우는 데 있어 아이들에게 필요한 것이 읽고 쓰기 능력이라 여기며 달려온 세월이겠지만, 정작 그 끝에는 아이가 갖추어야 할 능력이 한글 습득 능력만 있는 게 아니다. 배움이나 삶에 대한 의지, 긍정적인 생각, 동기부여, 실행력 등 삶을 살아가는 데는 문자 학습보다 중요한 것들이 많다.

어차피 파란색으로 태어난 아이들이다. 그 어떤 색을 섞는다 하더라도 절대 파란색이 사라지지 않는다. 그런데 파란색을 없애 보겠다고 너무 많은 색을 섞어 버리면 결국 칠흑 같은 검은색이 되고 만다.

약간의 붉은빛만이 감돌게 해 붉은 무리에서 놀라지 않을 정도의 색이면 어떨까? 그 오묘한 색에 감탄하며 열광할 사람들이 아이의 미래에서 기다리고 있다면? 상상만으로도 심장이 두근거린다. 그런데 지금 이러한 상상이 허황된 것이기만 할까?

무릇 파란만장한 삶은 파란을 일으키는 삶을 야기할 수 있다. 그러나 그 파장이 어떠한 파도가 되어 돌아올지는 아무도 알 수 없는 세상이 다 되었다.

우리는 목표는 난독의 증세를 없애는 것에 있는 것이 아니다. 궁극적으로 내가 없는 삶을 살아갈 오묘한 사람을 키우는 것이 되어야 한다.

자, 함께 힘을 내 천천히 걸어가 보자!

나와 함께 걷고 있는 사람들…….

정성스러운 삽화를 자청해 준 이송현 님.
나를 세상에 존재하게 해 준 나위복 님.
본인 이야기의 출판을 허락한 박시윤 님.
언제나 옆에서 나를 지켜봐 준 박민근 님.
진심 어린 응원을 해 준 엄주아, 엄은혜 님.
나의 든든한 버팀목이 되어 준 한창수 님.
출판 모임을 주최해 이끌어 준 라정현 님.
한 편씩 꼼꼼한 서평을 해 준 김민희 님.

힘들 때 주저앉아 둘러보면 언제나 이 사람들이 제자리에 묵묵히 있어 주어 나는 다시 길을 걸을 수 있었다.

목차

서문

나의 스승

지금 이 자리: 대치동 18
가짜와 진짜: 문해력 24
춤추는 글자: 실험 노트 35
공개 수업: 글씨체 40
우아한 편지: 받침 ㅎ 52
깨 좀 털자: ㅐ와 ㅔ 57

유전이 된다

우리 아기

우는 아기 74
특수한 아기 80
까탈스러운 아기 86
둥글둥글한 아기 96

예감은 확신으로

색 106
수 114
시 118
원 124

예비 초등학생

새로운 시야 130

새로운 시작 138

난감한 수업 143

뜻밖의 선언 149

파란만장 1학년

빵점 156

안과 163

학군 170

한파 174

별 들 날

참 잘했어요 182

고마워 194

네 탓일까? 200

해 줄 수 있는 것

걱정 210

영어 214

수학 220

음악 230

역사 237

성 243

- **지금 이 자리: 대치동**
- **가짜와 진짜: 문해력**
- **춤추는 글자: 실험 노트**
- **공개 수업: 글씨체**
- **우아한 편지: 받침 ㅎ**
- **깨 좀 털자: ㅐ와 ㅔ**

나의 스승

지금 이 자리:
대치동

나는 대한민국 교육의 최전선인 대치동에서 한글을 가르치고 있다. 지금도 주위를 잠깐 둘러보면 한글 교육의 문구를 찾는 것은 그리 어려운 일이 아니다.

난독증 아이의 경우, 학교에서 난독증 판정을 해 주고 개선 프로그램을 무료로 이용할 수 있다. 느린 아이의 경우에도 센터에서 인지 선생님들에게 한글을 배울 수 있다. 근처에서 한글을 쉽게 배우게 할 수 있음에도 불구하고 굳이 여기까지 와서 나에게 한글을 배우는 이유는 뭘까? 심지어 난독증 치료에 있어 '종결' 판정을 받은 아이들도 여기까지 찾아와 수업을 받는다.

　나는 이러한 일들이 나의 교수 능력이 탁월해 일어나고 있는 일인 줄 알았다.

　처음 난독증 치료 프로그램에 관한 책을 쓰려고 한 나의 의도와는 다르게 우리 아이에 관한 에피소드를 써 내려가게 되었다. 자연스레 아이와 함께한 10여 년의 지난 세월을 되돌아보게 되었다. 그렇게 지나온 세월을 곱씹어 보게 되자 나를 이 자리에 있게 한 근본적인 이유를 알게 되었다.

　나에게는 어떠한 유형의 아이든지 한글을 깨쳐 줄 수 있게 만든 탄탄한 교수 방법과 능수능란한 교수 능력이 생기게끔 나를 이끌어 준 사람이 있었다. 내가 난독증의 한계라고 생각해 안일한 시간을 보내고 있으면 조금의 망설임도 없이 나에게 어퍼컷을 날려 주었던 사람. 그 사람은 바로 우리 아이이다.

　현실에서 우리 아이가 빚어낸 낯 뜨거운 사건들은 나

에게 고스란히 채찍으로 되돌아와 내가 앞으로 나갈 수밖에 없는 힘이 되어 주었다.

대한민국의 문맹률은 소수점을 나타낸다. 그렇기 때문에 한국인이 한글을 제대로 모르거나 한글 습득에 어려움이 있다는 사실은 수치스럽다는 표현을 써도 모자랄 정도이다.

"난 영어를 잘 못해.", "난 수포자야." 이런 말들을 아무렇지 않게 말하고 아무렇지도 않게 이해받는다. 그런데 주변에 누군가가 이런 고백을 한다고 생각해 보자.

"나 한글을 몰라. 글을 잘 못 읽어."

아무렇지 않게 수긍하며 이해할 수 있겠는가?

세계에서 가장 우수한 문자를 가진 한국인이기에 우리는 문맹자를 이해하고 받아들이는 것에 인색할 수밖에 없게 되었다. 그래서 한국에서 한국인에게 요구하는 한글의 습득 수준은 완벽에 가깝다.

복잡한 퇴근길, 지하철에서 우연히 바로 옆에 서 있

는 여대생들이 하는 얘기를 흘려듣게 되었다. 이상형에 관한 이야기였는데 한 여대생이 다른 친구에게 이런 질문을 했다.

"너 만약에 소개팅 받은 애가 얼굴도 잘생기고 키도 커. 그런데, 톡 보내는데 맨날 맞춤법 틀리게 보내는 거 참을 수 있어?"

나는 제발 참을 수 있기를 바랐다.

"그건 당연히 용납할 수 없지."

우리 아이들이 비집고 들어갈 틈은 전혀 없는 건고한 대답이 돌아왔다. 왜 하필 나에게 그 여대생들의 대화가 들렸는지. 나는 그녀들의 이야기를 듣자 잠시 뇌 정지가 왔다가 이런 생각이 들었다.

'영혼을 갈아 넣어 아이를 대학에 보냈다. 그런데 우리 아들의 모쏠의 이유가 맞춤법이라면…….'

누가 옆에서 부질없고 쓸데없는 생각이라고 나를 제발 말려 주면 좋겠다.

얼마 전에 성인 난독을 치료한 적이 있다. 그 사람은 서른이 훌쩍 넘은 미혼여성이었다. 이제는 카톡이나 문자를 보낼 때 매번 오타라고 둘러대는 것도 싫고, 글을 읽을 때 읽기 앱을 통해 귀로 들어가며 외우는 것도 지쳐서 나를 찾아왔다고 했다. 버젓이 전문적인 일도 하는 사람이었다. 단기 기억력은 우수한 사람이라 그 능력으로 진학도 하고 자격증도 땄단다.

1년 가까운 시간을 나에게 투자해 스스로 글을 읽고 외국 영화 제목도 한 번에 읽게 되었다. 이 사람은 친한 친구들에게 자신이 난독인이라고 말하고 오타를 지적해 달라고 부탁해 그때그때 맞춤법을 공부하며 지냈다. 수업 후반부가 되자, 카톡을 보낼 때 여전히 떨리기는 하지만 친구들이 오타를 지적하는 횟수가 많이 줄었다고 했다. 그래도 친구들이 지적을 아예 안 하는 것은 아니기 때문에 꼭 다시 오겠다고 하며 수업은 중단이 되었다.

이렇듯 우리 사회가 요구하는 한글의 습득 수준은 생각하는 것 이상이다. 잘 생각해 보면 누구의 한글 실력이 어떻다는 것을 생각해 본 적이 없을 것이다. 그만큼 너무도 당연한 것이 한국인의 한글 실력이다. 나는 이런 나라에서 난독증 아이들을 키우고 가르치며 살아가고 있다.

우리 아이가 빵점으로 뒤덮는 학교생활을 하고 있어도 나는 괜찮았다. 말을 저렇게 잘하는 아이인데 한글의 기초를 잡아 줬으니 자기가 터득해 내겠지 하는 마음이었다.

그러나 시간이 지나도 좀처럼 늘지 않는 우리 아이의 한글 실력은 얼마나 자연스러운 확장 능력이 부족한지를 일깨워 주었다. 한글이나 학습에 대해서는 대강과 대충이 통하지 않는다는 것을 우리 아이를 통해 그제야 알게 된 것이다. 꾹꾹 누르고 꽉꽉 조이지 않으면 언제 풀어져 흘러내려 버릴지 모르는 것이 이 아이들의 학습 역량이었다.

그렇게 나의 난독증 프로그램의 변곡점에는 우리 아이가 우뚝 서서 나를 이끌어 주었고, 끝내는 정점에 이르게 해 어미인 나를 그 끝에 세워 놓았다.

가짜와 진짜:
문해력

가짜 읽기와 진짜 읽기. 읽기 수준에 있어 내가 쓰는 표현이다. 난독증 치료 분야에서는 최저 문해와 기능적 문해라는 표현을 하기도 한다.

가짜 읽기란 최저 문해와 같은 뜻으로 단순한 글자 읽기만 가능한 단계를 말한다. 가짜 읽기 수준에서 아이는 글자를 읽을 수 있긴 하지만 생소한 단어이거나 문단의 전체적인 의미를 파악해야 할 때는 내용을 이해하지 못한다. 이 수준에서 치료사나 선생님들조차도 아이가 글자를 읽을 수 있으니 시간이 지나면 글을 이해할 수 있다고 여긴다.

표면적으로는 글자를 읽을 수 있기 때문에 글을 읽을 수 있다고 생각하기 쉽다. 그래서 이 수준의 아이들을 나는 가짜 읽기 단계라고 명명해 아이의 읽기 행동에 속지 말자는 의미를 담았다.

가짜 읽기 능력으로는 읽기 독립이 일어나기 어렵다. 단어를 추론하며 독해가 되어야 비로소 글을 읽을 수 있는 사람이 된다. 나는 이 수준을 진짜 읽기라고 말한다.

우리 아이가 초등학교에 입학할 무렵에 나는 우리 아이의 읽기 수준을 가짜 읽기 수준까지만 만들어 주었다. 이때까지는 우리 아이뿐만 아니라 치료하는 다른 아이들에게도 가짜 읽기 수준만 되면 종결을 했었다.

읽기가 가능하니 한글을 뗐다고 생각해서 점차 읽기 실력이 늘어 책도 읽고 공부를 할 수 있게 되는 줄 알았다. 가짜 읽기 획득 이후에 아이들의 읽기 수준이 어떻게 변화하는지 알 수 없었고, 알 필요도 없이 종결하기에도 바쁜 삶을 살았다.

 그런데 가짜 읽기 수준에서 종결하면 어떠한 문제가 생기는지 우리 아이가 확실하게 알려 주었다. 우리 아이는 초등학교 1학년 내내 받아쓰기를 비롯한 모든 시험에서 빵점을 받아 왔다. 그러다 1학년 말에는 아예 백지 시험지까지 들고 와 자기도 백 점 맞고 싶다고 울면서 말했다. 아이는 나에게 일깨워 주고 있었다.

 '엄마, 이 정도의 읽기 실력으로 나는 공부를 할 수 없다구!'

어떻게 하면 진짜 읽기 능력을 획득시킬 수 있을까?

그것의 핵심은 어휘 추론 능력과 자연스러운 읽기 능력의 획득에 있다. 이것은 시중의 학습지를 활용해 획득할 수 있는데 구체적인 방법은 다음과 같다.

첫째, 모르는 답을 찍어서 쓰게 한다

교재는 어휘나 한자 교재를 활용하는데, 문제집에 쓰여 있는 사전적 표현을 아이 혼자 파악해 답을 쓰게 한다. 그리고, 모르는 것은 일정 분량을 끝까지 풀게 한 후, 찍어서라도 빈칸을 채우게 한다. 그다음에 모르는 어휘는 채점하면서 설명해 준다.

어휘 추론 능력이란 모르는 단어가 있을 때 문맥이나 단어 구성을 보고 유추하는 능력을 말한다. 이 능력을 기르기 위해서는 무엇보다 스스로 유추해 보는 시간을 갖게 하는 것이 중요하다. 그래서 일정 분량을 찍어서라도 빈칸을 채우게 한 다음 나중에 정답과 함께 설명을 해 주는 것이 좋다.

고지식한 기질이 다분한 아이들은 '찍는다'라는 행위 자체를 부도덕하게 여기고 모르는 문제의 답은 정직하게 비워 두는 경우가 많다. 객관식 문제를 비롯해 선 긋기나 보기에서 찾기 등의 문제에서 남은 하나를 연결하거나 아무 답이나 표기하면 되는 것도 하지 않을 정도이다. 나는 이런 아이들에게 늘 하는 말이 있다.
"찍기도 실력이야, 모르면 찍어서라도 채워 봐!"

대부분의 사람은 어휘와 의미를 완벽히 이해면서 글을 읽어 내려가지 않는다. 처음 본 단어가 나오면 앞뒤 문맥에 따라 유추해 가며 읽기 마련이다. 하지만 조금만 완벽하지 않아도 덤벼들려고 하지 않는 아이들은 읽다가 모르는 어휘나 글자가 나오면 바로 중단하고 포기해 버린다. 이러한 특성은 글 읽기뿐만 아니라 문제 풀기 행동에서도 나타난다.

글자를 읽어 내려가는 행동에서 이러한 특성은 가시적이지 않아 교정하기가 어렵지만, 문제를 푸는 행동에서는 중재하기가 쉬워진다. 어휘 문제집에서 두어 개 틀리는 부분에서 찍기 실력을 형성시켜 주면 추론 능력이 향상되는 것이다.

이러한 찍기 기술만 습득시켜 줘도 우리는 놀랄 만한 성과를 보게 된다. 그것은 전 과목의 성적이 10점에서 많게는 20점 이상도 오르는 것이다. 중간에 포기하지 않고 찍으면서 넘어가니 문제를 끝까지 풀었고, 뭐라도 써 놓아 맞을 확률이 높아졌으니 당연한 결과이다.

성적 향상, 이보다 더 강한 동기부여가 있을까?

둘째, 쉬운 수준의 교재를 선택한다

아이에게 문제를 풀게 했을 때 70% 이상의 정확도가 나타나는 수준의 교재를 선정한다.

학습을 이끄는 데 있어 흔히 범하게 되는 실수가 있다.

그것은 교재를 선택할 때 표지에 나와 있는 학년이나 연령을 보고 정하는 것이다. 시중의 학습지는 아이들의 평균보다 높은 수준으로 편성되어 있는 것이 많다. 그렇기 때문에 많은 아이들이 문제집 한 권을 끝까지 풀기가 어려운 것이다.

표지의 학년만 고려해 학습지를 선택하게 되면 앞에 몇 장만 풀고 그만두게 되거나 끝까지 풀었어도 틀린 것이 대부분인 상태로 마무리하게 된다. 이 같은 활동의 마무리는 아이의 마음속에 좌절감만 자리 잡게 해 학습지라면 고개를 내젓게 만든다.

시중에는 수많은 교재가 나와 있기 때문에 아이 연령 및 학년보다 낮은 표기의 교재로도 본 학년의 읽기 능력을 습득시키는 것이 가능하다.

셋째, 다양한 교재를 한꺼번에 진행한다

교재는 어휘나 독해 문제집은 물론이고 경우에 따라서는 사고력 수학, 한자 등의 교재도 활용한다. 거기에 쓰기 교재까지도 함께 진행할 수 있다.

비슷한 수준의 교재 네다섯 권을 선정해 한 장이나 두 장 분량으로 꾸준히 접근하면 학습에 대한 지루함은 덜고 빈틈은 빨리 메워지는 효과가 난다.

넷째, 깔끔한 편집의 교재를 선택한다

시각적 민감도가 높은 아이들에게 구석구석 배치되어 있는 설명이나 그림이 오히려 읽기의 방해 요소가 될 수 있다. 설명과 문제의 구분이 확실하거나 문제만 있는 학습지를 선택하는 것이 좋다.

다섯째, 채점하면서 읽기를 시킨다

본문은 없고 문제만 있는 학습지를 활용해 채점하면서 아이에게 문제 전체를 읽게 한다. 또한, 교재에 한자가 있으면 괄호에 표기되어 있는 한자의 음훈도 반드시 읽힌다.

채점의 명분으로 아이에게 소리 내어 읽기를 시키면

읽기 훈련이 되는 것은 물론이고, 오답의 오류를 스스로 찾는 경험을 하게 할 수 있다. 이 경험은 학습에 있어 정확도를 향상시키는 중요한 밑거름이 된다.

한자 교육을 하고 싶을 경우, 급수 시험 교재나 어휘 교재를 사용한다.

여기서 한자 학습의 목표는 아이에게 한자를 외우게 하는 것이 아니다. 우리나라 글자의 대부분은 한자로 이뤄져 있기 때문에 단어에서 한자의 음훈의 관계를 이해하면 단어 뜻을 파악하기가 수월해진다. 외우기를 잘하는 아이라면 급수 시험을 보게 하는 것도 좋지만, 그렇지 않은 아이도 어휘 교재에 쓰여 있는 음훈을 읽게 하기만 해도 어휘 추론 능력에 도움이 된다.

여섯째, 말하듯이 읽는 훈련을 한다

가짜 읽기 수준 아이의 경우, 각각의 자음과 모음을 조합하는 읽기에만 초점이 맞춰져 있어 한 글자 한 글자 스타카토식의 읽기 양상을 보일 정도이다. 이러한 읽기를 하기 때문에 읽어 주면 아는 문장도 아이 스스로 읽어서는 내용 파악이 안 되는 것이다.

구, 절 단위로 부드럽게 말하는 것처럼 읽기를 시켜야 하는데 반드시 음운변동을 확실하게 적용해 훈련시켜야 한다. 그래야 읽어 줄 때처럼 글의 내용을 이해하게 된다. 이때, 수행 수준을 조정해 접근하면 발음이 좋아지는 효과도 나타난다.

일곱째, 독해 문제집은 소리 내어 읽기를 시키지 않는다

본문이 있는 독해 문제집의 경우, 암묵적 읽기로 접근시켜 읽기 이해도를 높이는 것을 목표로 삼는다. 소리 내어 읽게 하고 읽기 정확도를 확인해 나가는 방식으로만 훈련하게 되면, 소리 내어 읽지 않으면 내용 파악에 어려움을 겪을 수 있다.

시험 볼 때 소리 내어 읽어도 되는가? 읽기 정확도보다 더 중요한 것이 내용 파악이다.

도덕성이 높은 아이에게는 스스로 채점하는 기회를 주는 것도 추천한다. 아이의 자긍심은 올라가고 엄마는 칭찬만 하면 되니 자식과의 관계까지 좋아질 수 있다.

엄마표 학습으로 진행할 경우, 어휘 문제집은 학기 중에 풀게 하고 독해 문제집은 겨울 방학 때 풀게 하는 것이 좋다.

겨울 방학 때, 한 주에 4일을 정해 1회차씩 풀어 나가면 두 달의 겨울 방학이 끝나는 시점에 독해 문제집 한 권을 끝낼 수 있다. 하루 한 편의 독해 문제를 푸는 데는 5분도 채 걸리지 않는다.

하루에 한 편의 독해 문제집의 양만 생각하면 너무 적은 것 같지만, 매일의 힘이 모이면 아이들의 독해 실력은 성장하게 된다.

이렇게 충실한 방학을 보내고 나면, 아이는 학년이 올랐는데 학과 공부는 더 쉬워지는 기분을 갖게 돼 학과 공부를 충실히 하게 된다. 그리고, 다음 해의 겨울 방학이 와도 '독해 문제집 4일 풀기' 도전을 하려고 할 것이다.

쉬운 교재의 적은 양이라도 꾸준히 접근하면 우리 아이들도 성장할 수 있다.

춤추는 글자:
실험 노트

우리 아이가 초등학교 3학년이 되어서야 나는 아이들이 학습하는 데 있어 어려움이 읽기만 있는 게 아니라는 것을 알게 되었다. 난독증 아이들에게 한글을 습득하는 데 있어 읽기 능력 너머에 또 다른 문제가 있었다.

3학년이 되면 학교에서는 아이들에게 완벽한 쓰기 수준을 요구한다. 그것은 정규 교과 과정에 받아쓰기가 포함되어 있지 않은 것을 보면 알 수 있다. 이제 맞춤법

실력은 아이들이 갖추고 있어야 하는 당연한 능력이다.

 과학 시간에는 실험 노트도 써야 한다.
 실험 노트는 일기와는 난이도가 확연히 다른 활동이다. 일기는 숙제로 제시되어 가정에서 부모 찬스를 써가며 할 수 있다. 실험 노트는 학교에서 과학 시간의 마무리 활동으로 진행되어 오롯이 혼자서 써야 한다. 게다가 그 시간에 배운 과학 현상이나 도구 등의 새로 배운 어휘를 사용해 글로 표현해야 하고, 시간까지 10분 안팎으로 정해져 있다. 혼자서는 맞춤법과 띄어쓰기조차 제대로 하는 것이 힘든 아이들에게는 속을 다 들켜 버리게 되는 활동인 것이다.

 이때 자신의 치부를 들키고 싶지 않은 영리하고 자존심 센 아이는 아주 짧은 문장으로 자기 생각을 표현한다. 심지어 어떤 아이는 제목이나 주제만 쓰기도 한다. 반면, 그런 건 아랑곳하지 않고 자존감이 팔팔하게 살아 있는 아이는 활동지에 가득 차게 글을 쓴다. 그러나 무슨 글을 썼는지 알 수 없고 어떤 글자는 그 글자를 쓴 아이 자신도 알아보지 못하는 사태가 벌어진다. 담임 선생님의 눈에 이러한 아이의 쓰기 수준이 확인되면, 이제 그 부모는 아이의 실험 노트를 가정에서 확인해 볼 수 있다.

"다녀왔습니다."
인사를 하는 아이의 목소리에 첫마디부터 힘이 없다는 것을 엄마는 느낀다. 무슨 일이 있나 싶어 아이를 바라보면 아이의 눈빛은 바닥으로 깔려 있다.
"무슨 일 있어. 왜 그래?"
엄마의 물음에는 대답도 하지 않고 가방에서 꾸깃꾸깃한 종이 한 장을 무겁게 내밀며 말한다.
"엄마, 선생님이 이거 다시 해 오래."

이미 뭉쳐진 종이는 그 안의 글자를 대변하는 듯하다. 굳이 확인하고 싶지 않은 아이의 실력을 확인해야 하는 순간이다. 종이를 손바닥으로 싹싹 펴서 그 안의 내용을 살펴본다. 띄어쓰기가 되어 있지 않은 것은 기본이고 글자 모양도 제각각이다.

왜 실험 노트에는 줄이 없는지. 줄이 있어도 줄을 따

라 쓰기가 어려운 아이들인데 줄조차 없으니 한마디로 '질서'라는 것을 찾아볼 수 없다. 또 어떤 글자는 모양을 좀 더 반듯하게 해 보겠다고 되돌아가서 수정하기도 했다. 그런데 그런 행동이 오히려 글자의 진하기에 차이를 주어 들쑥날쑥한 입체감마저 들게 한다.

이 글을 보는 일선의 선생님들께 부탁드립니다. 지우개로 박박 지우다 용지마저 찢어져 마음도 다 찢겨져 버리는 부모와 아이의 심정을 헤아려 제발 새 활동지도 함께 보내 주세요!

우리 아이는 실험을 좋아해 일곱 살부터 과학 실험하는 곳을 다녔다. 놀이터에서 친구들과 신나게 놀다가도 실험하러 가자고 하면 손을 탁탁 털며 일어났던 아이였다. 그런데 학교에서 친구들과 실험을 하니 얼마나 좋았겠는가. 아이는 설렜고 신났다. 그렇게 신나면 신날수록 우리 아이의 글자들도 신이 나 춤을 췄다.

완성도 있는 글쓰기 능력까지 갖춰 주어야 공부를 따라갈 수 있는 학생이 될 것이라고 아이의 실험 노트는 나에게 매번 춤을 추면서 알려 주었다. 하지만, 나는 글씨체는 한계라 규정짓고 외면한 채 시간만 보내고 있었다.

공개 수업:
글씨체

　일하는 엄마들이 그러하듯 나도 없는 시간을 쪼개 아이 공개 수업에 참석했다. 공개 수업을 가게 되면 아이의 수업 모습뿐만 아니라 뒤 칠판에 걸려 있는 아이의 작품도 볼 수 있다. 어떤 엄마들은 아이의 사물함까지 열어 본다. 아이의 그림 한 점, 사물함 속 학용품의 상태 등은 아주 정제되어 있고 단편적인 정보이지만, 이 정도의 정보만으로도 그간의 학교생활을 가늠하기에는 충분한 추리 능력을 갖고 있는 것이 부모의 능력이다.

공개 수업을 보러 교실에 들어서자마자 우리 아이가 한눈에 들어왔다. 나뿐만 아니라 그 반의 모든 부모들 눈에도 우리 아이가 제일 먼저 눈에 들어왔을 것은 확실했다. 성씨대로 한 자리 배치는 가나다순의 가운데 성씨를 가진 우리 아이를 교실 한가운데에 자리 잡게 하고 말았기 때문이다.

신생아실부터 남달랐던 덩치는 초등학교 교실에서도 그 남다름을 유지했다. 우리 아이가 교실 중심이라도 되는 듯 한가운데 앉아 있는 것만으로도 나는 민망해 고개가 돌려졌다. 게다가 턱을 괴고 허리는 한껏 굽혀 앉아 있는 아이의 뒷모습은 엄마의 마음을 교실 밖으로 쫓아내기에 충분했다. 공개 수업을 지켜보는 내내 나는 아이의 바르지 못한 자세와 간간이 손톱을 물어뜯는 태도만 눈에 들어왔다.

아이의 등짝에는 '불편해'가 쓰여 있었고, 입속으로 들어간 손끝에는 '잘 모르겠어'가 붙어 있었다.

덩치 큰 아이의 좋은 시절은 단체 생활을 하기 전까지

인 것 같다. 유치원이나 어린이집을 보내게 되어 단체생활을 시작하면서부터 큰 아이를 둔 엄마들은 하루하루 맘 졸이는 생활을 한다. 혹시나 아이의 힘의 세기가 다른 아이에게 위력으로 느껴지지 않는가 하는 것이다.

다른 아이들이 '뚱뚱하다'라는 의미를 갖는 별명을 붙여 놀리는 것을 열 번을 참다 한 번을 밀어 넘어뜨려도 넘어뜨린 아이가 가해자가 되는 것이 현실이다. 그래서 덩치 큰 아이를 둔 엄마들은 아이에게 열 번 참고 백 번을 또 참을 것을 교육하게 된다.

학교를 다니게 되면서 먹성은 더 늘고, 활동량은 줄다 보니 아이들의 덩치가 더 실해지는 것은 에너지 축적의 원리이니 거스를 수 없다. 공부 잘하는 애들은 공부하느라 운동할 시간이 없어 살이 쪘다지만, 누구보다 놀이터에서 많은 시간을 보냈던 우리 아이는 스트레스를 먹는 거로 풀다 보니 살이 더 쪘다.

아이는 그렇게 찐 살과 타고난 덩치를 학교 책걸상의 표준 사이즈에 맞추기 여념이 없었고, 나도 불편한 진실을 마주한 그 자리를 꿋꿋이 지키고 서 있기에 여념이 없었다.

공개 수업이 끝나고 아이들은 강당으로 이동했다. 이제 부모들에게는 교실을 살펴볼 수 있는 시간이 주어졌다. 부모들은 아이의 자리에 가 보기도 하고 사물함도 열어 보며 분주한 시간을 보냈다.

나는 교실 뒤 칠판에 전시되어 있는 작품들이 눈에 들어왔다. 그 작품들 속에 유독 섬세함은 찾아볼 수 없고 크기만 큰 작품이 있었다. 주제는 가족소개였다. 스케치북만 한 종이에는 사람이라기보다는 곰돌이 같아 보이는 형태가 세 개 있었다. 그리고 글자는 곰돌이 얼굴만 하게 썼고 몇 자 쓰여 있지도 않은 글자들은 자음과 모음들이 같은 극의 성질을 띤 자석처럼 상당한 거리를 유지하고 있었다. 그래서 한 자, 한 자 글자를 썼다기보다는 자음과 모음을 나열해 암호 같기도 한 형태였다.

나는 내가 수업하는 아이들이 떠올려졌다. 그리고 같이 간 친구 엄마에게 눈짓으로 조용히 물어봤다.
"앤 누구지?"

그 엄마는 예의 바르게 아래쪽 이름이 써진 곳을 살

짝 짚어 주었다. 헉! 거기에는 우리 아이의 이름이 떡하니 있었다. 나는 달아오른 얼굴을 감춰 보려 괜스레 창문 너머를 살펴보았다. 공개 수업이 끝나고 나는 같이 간 엄마와 눈도 제대로 마주치지 못하며 헤어지기에만 바빴고, 다른 학부모들과의 점심 약속은 참석도 하지 않고 집으로 발걸음을 재촉했다.

이렇게 나는 우리 아이의 쓰기 수준을 확실하게 확인할 수 있었다. 불편한 진실을 마주한 순간 나는 갑갑함을 넘어 분노가 치밀었다. 내가 분노까지 치민 것은 두 가지 이유에서였다. 한 가지는 우리 아이의 습득력의 한계를 직면한 것이었다.

'이렇게 안 늘 수 있나?'

또 다른 한 가지는 난독증 훈련에서 쓰기의 어려움을 눈감아 버린 무책임한 치료사로서 한없는 부끄러움이었다.

종결하는 시점에서 엄마들이 묻곤 했다.

"선생님, 쓰기는 어쩌죠?"

나는 대답했다.

"쓰기까지는 어쩔 수 없습니다."
라고 떳떳하게 말했다.

그때까지만 해도 나는 아이들에게 까막눈은 면하게 해 줬으니 나의 역할은 다한 것이라고 자부했었다. 그리고 엉망인 쓰기는 어쩔 수 없는 것이라 치부해 버렸다.

정말 무슨 일이든 본인이 당해 보지 않으면 모른다. 실험 노트의 춤추는 글자들도 나를 행동하게 하지 못했다. 하지만, 이렇게 대외적인 창피는 어렵고, 힘들고, 어쩌면 불가능할 수도 있는 글씨체 교정의 세계로 나를 뛰어들게 만들었다.

이날부터 쓰기의 문제는 우리 아이만의 문제 아니었다. 내게 오는 아이들에게서 그동안 외면했던 쓰기의 어려움인 '난서'의 문제를 직면해 보았다. 그리고 쓰기를 개선할 수 있는 방법들을 고민하기 시작했다. 내게 주어진 한 명의 스승과 여러 명의 제자들, 그리고 내가 아니면 안 된다는 절박한 마음이 나의 길잡이가 되어 주었다.

그렇게 몇 달을 실험과 적용의 시간으로 보내자, 우리 아이의 글씨를 보는 것이 거북스럽지 않게 되었고 내게 수업받는 다른 아이들에게서도 변화가 일어났다. 필체가 못난 것으로 두드러지지 않으니 아이들은 학교 생활을 더 적극적으로 하였다. 야무진 아이들은 학교에서 글을 잘 쓰는 아이가 되었고, 상상력과 창의력이 좋은 아이들은 글짓기상까지 받아 왔다.

 이제 나는 어떤 글씨든 더 나은 글씨로 교정을 할 수 있게 되었다. 그래서 요즘에는 글씨체만 교정하러 오는 사람이 있을 정도이다.

글씨체를 교정하기 위한 방법은 다음과 같다

첫째, 바른 자세를 유지시킨다

글씨체를 말하기 위해 띄어쓰기를 빼고는 논할 수 없다. 글씨체와 띄어쓰기는 한 묶음이다. 이 글을 읽는 사람 중 아이가 띄어쓰기만 잘하기를 바라는 사람도 있을 것이다. 띄어쓰기는 쓰기에 있어 기초적인 부분이지만 해결이 쉽지 않은 부분이기도 하다.

이러한 띄어쓰기를 훈련시키기 위해 대부분의 사람은 띄어 쓰는 위치에 중점을 둔다. 하지만, 띄어쓰기가 안 되는 데는 보다 더 근본적인 문제가 있다. 어디를 띄어 써야 하는 것인지 가르치기 전에 반드시 확인하고 교정해 줘야 할 부분이 있다.

그것은 쓰기를 하지 않는 손의 위치이다. 오른손잡이의

경우, 왼손이 어디에 위치해 있는지를 확인해 봐야 한다. 띄어쓰기를 안 하는 아이들은 책상 아래 의자를 짚고 있는 경우가 대부분인데 이 자세로는 띄어 써야 할 손의 움직임을 원활하게 해 주지 못한다. 그래서 옛날부터 바른 자세, 바른 자세 했나 보다.

왼손이 책상 위로 올라와 오른손과 대응되는 위치에서 상체를 지지해 줘야 한다. 그래야 오른손이 띄어 쓰는 움직임을 할 수 있게 된다. 이 자세가 유지되어야 띄어쓰기이든 글씨체든 수정이 가능하게 된다. 그런데 이렇게 왼손이 상체를 지탱해 주는 데 있어 자세를 오래 유지하는 데 어려움을 보인다면 한 가지 더 확인해 봐야 할 부분이 있다.

그것은 아이의 발이다. 의자가 높아 발이 공중에 떠서 달랑거리고 있으면 이 자세를 유지할 수 없다. 발이 떠 있어 불안정한 상체를 고정하기 위해 아이들은 무의식적으로 왼팔을 내려 의자를 짚게 되는 것이다.

따라서 아이의 띄어쓰기를 훈련시키기 위해 가장 먼저

확인해 봐야 하는 사항은 의자의 높이와 앉아 있을 때의 발의 위치이다. 반드시 아이의 양쪽 발이 바닥이나 받침대에 닿아 안정적인 상태가 되어야 한다. 그다음 왼손이 책상 위로 올라와 글씨를 쓰는 손과 같은 높이의 위치에 있어야 한다. 그래야 비로소 쓰는 손의 움직임이 원활해져 띄어쓰기를 할 준비 자세가 되는 것이다.

왼손잡이의 경우, 반대로 적용하면 된다.

둘째, 연필을 바르게 잡는 훈련을 한다

엄지, 검지, 중지의 세 손가락이 같은 높이로 연필의 깎인 경계선 높이에 모이게 한다. 이 연필 잡기를 유지시키기 위해 적절한 필기구를 선택해 도움을 준다. 얼마나 적절한 필기구를 제공해 얼마나 빨리 세 손가락 잡기를 익숙하게 만드는지에 이 프로그램의 성패가 달려 있다.

그렇기 때문에 나는 현재 100여 종에 가까운 필기구를 수집하게 되었고, 연필이나 샤프뿐만 아니라 볼펜까지 포함하고 있다. 그중 아이들에게 주로 적용해 사용하는 필기구는 삼각 모양의 미끄럼 방지 기능이 있는 필기구들이다.

셋째, 연필 잡기의 자세를 유지 및 강화하는 활동을 한다

활동은 선 긋기, 점 잇기, 미로찾기, 글자 따라 쓰기 등이다. 고학년의 경우, 고학년을 대상으로 한 활동지를 찾기 어려우므로 유아를 대상으로 하는 학습지를 선택해 사용할 수밖에 없다. 미리 표지의 연령에 대한 설명을 하면 아이의 자존심이 상하는 것을 예방할 수 있다.

"이 나이의 아이들은 정확하게 선을 못 그어. 우리는 100% 정확하게 겹쳐 긋는 게 목표니까 나이는 별로 신경 안 써도 돼."

그렇다. 이 활동들의 목표는 대강 비슷하게 긋는 것이 아니고, 아주 정확하게 겹쳐지게 하는 것으로 한다.

선 긋기나 글자 따라 쓰기의 경우, 이러한 준거를 제시하면 아이는 한 줄을 긋는 것도 한 글자를 따라 쓰는 것도 힘들어한다. 고학년의 경우 생각보다 잘되지 않는 것에 답답해하고 이상하게 안 된다며 자기 자신에게 놀라기도 한다.

거기서부터다. 하루에 한 줄 또는 한 글자씩을 정확하게 따라 쓰기를 시키면 된다. 당연히 연필 잡기는 계속 주시하며 바른 연필 잡기를 유지시켜야 한다. 미로찾기와 점 잇기의 경우에도 할 수 있는 한 깔끔하고 정확하게 선을 긋게 하는 것을 목표로 하면 된다.

'양'보다는 '질'에 초점을 맞춰 늘려 나가는 것을 목표로 한다. 그러다 한 문장을 정확하게 겹쳐 쓸 수 있을 때, 아이의 글씨를 보라! 평범을 지나 제법인 아이가 되어 있을 것이다.

우아한 편지:
받침 ㅎ

　이 무렵 나는 'ㅎ' 받침을 연구하게 되었다. 'ㅎ' 받침 또한 글씨체처럼 필요성은 느끼고 있었지만 간과한 채로 지내고 있었다. 'ㅎ' 받침의 경우, 단어 출현의 빈도가 낮고, 생략해서 읽어도 의미 파악에는 크게 어려움이 없기 때문에 가장 많이 쓰이는 '많다' 정도만 외우게 했었다.

　그런데 이번에는 편지가 문제였다.

'어버이날'에 받아보게 되는 뻔한 내용의 편지가 이 프로그램의 시작이 되어 줄 줄 누가 알았으랴!
'엄마, 나아 주셔서 감사합니다.'

'낳다'는 3학년이 되었어도 여전했다. 3학년이 되었지만 아이는 쓰기를 할 때 받침 'ㅎ'의 존재를 인식하지 못했다. 이 당시 아이는 대부분의 받침 'ㅎ'을 빠트리고 글을 썼다.
'나아 주셔서 감사합니다.'를 비롯해 '우산을 깜박 노고 왔다.', '아이스크림을 마니 먹었다.', '괜차났다.' 등등이었다.

괜찮아지겠지, 점점 알아가겠지 하며 기다린 나의 인내심은 결국 폭발하고 말았다. 어버이날 편지를 받으면 아이에 대한 기특함과 대견함에 울컥해야 하지 않나? 하지만, 나는 여전히 낳아 주셔서도 똑바로 못 쓰는 아이에게 욱하고 만 것이다.

"'나아 주셔서'가 뭐야. '나'에는 'ㅎ' 받침이 있는 거 아직도 몰라?"

아이는 낳아 주신 엄마에게 감사한 마음을 표현한 것뿐인데, 그 엄마는 그놈의 맞춤법이 뭐라고 싸늘하기 짝이 없었다. 나라고 어떻게 매번 참겠는가만은 그 후폭풍은 길게 이어지고 있다. 그 후로 나는 아이에게 '편지'라는 것을 받아 본 적이 없으니, 내 아이지만 뒤끝 작렬이다.

싸늘한 어버이날을 보내고 상담 시간에 이 일화를 꺼냈더니 수업받는 부모들은 하나같이 맞장구를 쳤다. 그러면서 한 어머님의 말 한마디는 나를 움직이게 했다.
"선생님, 우리도 우아하게 편지 받고 싶어요."

'ㅎ' 받침은 이렇게 시작되었다. 낳아 주신 엄마에게 낳아 주셔서 감사하다는 마음도 제대로 전달 못 하고 전달받지도 못하는 우리를 위해서였다. 우리도 어버이날을 우아하게 평범하게 지내고 싶었다. 이러한 욕심에서 시작된 'ㅎ' 받침의 프로그램은 결국 완성이 되었고, 내가 졸업시킨 아이의 가정에서는 우아한 어버이날을 지낼 수 있게 되었다.

'ㅎ' 받침의 훈련 방법은 다음과 같다

"'코타케치'로 소리 나면 앞에 'ㅎ'이 있다는 뜻이야."

어디 외래어도 아니고 이게 무슨 말인가 할 것이다.
'ㅎ'은 온전히 바람만 나는 소리이다. 그래서 그 소리가 받침에 있을 때는 뒤에 오는 자음을 격음화시킨다. '-고, -다, -게, -지'를 '-코, -타, -케, -치'로 소리 나게 한다. 예를 들면, '좋고-조코', '좋다-조타', '좋게-조케', '좋지-좋치' 이렇게 말이다. 물론, 다른 어미도 있으나, 나는 아이들의 문체에 많이 쓰이고, 알려 줬을 때 외우듯이 말이 입에 익숙하게 감기는 순서로 만들어 봤다. 그렇게 해서 생겨난 것이 '코타케치'이다.

읽을 때는 '코타케치'가 확실하게 발음 나게 읽히고, '코타케치'로 불러 주며 받아쓰기 훈련을 진행하면 몇 달이 지나 아이는 받침 'ㅎ'의 존재도 인식해 바르게 쓰게 된다.

깨 좀 털자:
ㅐ와 ㅔ

누군가 나에게 아이들에게 한글을 가르칠 때 가장 어려운 글자가 무엇인가를 묻는다면, 나는 주저 없이 'ㅐ'와 'ㅔ'라고 답하겠다.

한글은 글자의 모양과 말소리가 정확히 일대일 대응으로 이루어진 문자이다. 그렇기 때문에 세계에서 가장 과학적인 문자로, 학습하기 쉬운 글자로 인정을 받는다. 그런데 그중 'ㅐ'와 'ㅔ'만큼은 소리의 차이가 크게 느껴지지 않는 음소이면서 단어뿐만 아니라 조사에도 많이 나와 사용 빈도는 높은 음소이다. 글자를 읽거나 말을 할 때는 둘 다 'ㅐ'로 말하든 'ㅔ'로 말하든지 별로 상관이 없다. 아나운서 시험을 준비하지 않는 한 우리가 'ㅐ'와 'ㅔ'를 구별 못 하며 발음하는 것이 문제가 되지 않는다. 하지만 쓰기에 있어 'ㅐ', 'ㅔ'의 변별 능력은 그 사람의 품격이다.

여기서 품격이 된다는 것은 'ㅐ'와 'ㅔ'의 정확한 쓰기로 인해 그 사람의 품격이 올라간다고 말하는 것이 아니다. 그렇지 않을 경우, 그 사람의 품격이 땅에 떨어지게 되는 것을 의미한다. 너무 쉬운 글자를 틀렸을 때는 남에게 조롱거리가 되고도 남는다.

이런 문자를 지인이 보냈다고 생각해 보자.
"어제 꽃개탕 먹었는데 맛있더라."
반응은 크게 두 가지로 나뉘게 될 것이다. 하나는 오타라고 가볍게 여기는 것이고, 다른 하나는 다음과 같은 생각을 유도하게 되는 것이다.
'꽃개탕이 뭐야? 무슨 멍멍이 탕을 먹은 거야?'

그리고 그 문자를 본 사람들에게 한바탕 웃음꽃을 선사하게 될 것이다.

매번 쓰게 되는 '안녕하세요'와 같은 단어는 어떠할까?
"안녕하새요."
처음에는 오타인가 싶다가 계속해서 저렇게 쓰는 사람을 본다면 이런 생각이 들 것이다.
'저런 걸 모르는 건가, 모를 수가 있나?'
하지만 이 세상에는 저런 게 헷갈리는 사람들이 있다.

문자 인식 능력이 특별히 어려운 사람으로 태어난 아이들에게 이 'ㅐ'와 'ㅔ'의 변별은 쉽지 않다. 그래서 나는 'ㅐ', 'ㅔ'의 변별은 쓰기 목표에 넣지도 않았었다. 왜냐하면, 소리의 분화가 확실하게 일어나지 않아 우리 아이들에게는 제대로 인식시킬 수 없는 글자라고 생각했기 때문이다. 그렇게 'ㅐ', 'ㅔ'의 음소는 나의 마음속에 포기된 채 지울 수 없는 흉터로 남겨 두었다. 그런데 우리 아이가 'ㅐ', 'ㅔ'의 흉터마저 없애 달라고 하는 게 아닌가.

우리 아이 6학년 때의 일이다. 좀 있으면 스승의 날이라 아이는 담임 선생님께 카드를 썼다며 맞춤법을 봐 달라고 했다. 아이는 편지를 너무 잘 쓴 것 같다며 엄마한테 칭찬받을 것 같다고 말하는데 얼굴은 이미 상기되어 있었다. 거실을 가로지르며 오는 몇 발자국 되지도 않는 발걸음에서는 리듬감마저 느껴졌다.

카드는 어른 손바닥만 하게 제법 큰 크기였다. 내게 칭찬받을 생각에 자기 두 손에 고이 펼쳐 들고 왔다. 거실에 앉아 있던 나는 아이의 두 손에 고이 들려져 있는 카드를 보자 절로 흐뭇한 미소가 띠어졌다. 큼지막한 카드에는 한눈에 봐도 가득한 글자들이 오와 열까지 맞추고 있었다. 나도 아이와 함께 행복을 맘껏 느낄 준비를 하고 있었다. 그런데 내 손으로 옮겨진 카드를 제대로 보는 순간 나는 굳은 다짐을 할 수밖에 없었다.

'선생님깨'
선생님이라는 명사에 조사 '깨'를 붙이다니! 높임말의 조사 '께'를 '깨'로 썼다. 차라리 꽃개탕이 낫겠다. 건너 건너 전해오는 이야기로만 듣던 '안녕하새요'의 주인공이 내 앞에 서 있는 꼴이었다.

  편지의 제일 첫 소절을 '깨'로 시작하다니 한껏 들떠 있는 아이 앞에서 나는 표정 관리가 되지 않았다. 어떤 표정을 지어야 엄마의 절망감이 감춰질까? 그렇게 내비칠 수밖에 없었던 절망감은 걱정 가득한 아이의 표정으로 되돌아왔다. 아이는 나에게 조심스럽게 질문을 건넸다.
  "엄마, 왜? 나 많이 틀렸어?"

  나는 그다음의 글자는 뭐라고 썼는지 어떻게 썼는지 보이지도 않았다. 마치 어릴 적 매직아이를 보는 것처럼 '깨' 글자만 카드 전체를 뒤덮으며 떠올랐다. 나는 대답했다.
  "응, 안 틀렸어. '깨'만 틀렸네. '께'로 바꾸면 좋은데, 바꿔 볼까?"

  나는 다른 글자들은 수정해 주는 것이 의미가 없다는 것을 잘 알고 있었다. 그래서 아래 글자의 오류는 말도 꺼내지 않고, 저 깨만 좀 싹 털렸으면 하는 마음으로 말을 이어 갔다.

"'깨'만 털면 돼. '깨'는 먹는 '깨'고, 선생님께, 어머님께는 '께'야."

아이가 대답했다.

"엄마, 근데 어쩌지. 나 안 틀릴 줄 알고 볼펜으로 썼는데."

이노무쉑……. 기도를 지나 저 깊은 폐 속에서부터 튀어나오려는 육두문자들을 겨우 삼켰다. 아찔해진 정신을 가다듬고 카드를 들여다보니 분홍색 속지에 파란색 볼펜으로 깔 맞춤까지 하며 써 놨다. 아이는 그러면서 말을 이어 갔다.

"나 6학년이니까 좀 있으면 중학생이잖아. 중학생은 볼펜 쓴대서 볼펜으로 썼지."

공부는 예습이라곤 한번 해 본 적 없는 녀석이 이런 건 예습을 알아서 잘한다.

'그러니까 좀 있으면 중학생인데 높임법의 조사를 '깨'로 쓰는 건 너무한 거 아니니?'

나는 어차피 뱉어 봐야 소용없는 말들이 튀어나오지

않게 어금니를 꽉 깨물었다. 그리고 '깨'는 결국 털리지 못한 채 담임 선생님께 전달되었다.

우리 아이는 정성 들여 볼펜으로 쓴 카드가 수정테이프로 덕지덕지 망쳐지는 것을 원하지 않았고, 다시 쓰는 건 더더욱 원치 않았다. 또한, 저 '깨'를 '께'로 고친다고 '깨'가 싹싹 털릴 리도 없었기 때문에 박박 찢길 수도 있던 카드는 고스란히 선생님께 전달되었다.

6학년인 우리 아이의 맞춤법 실력은 그렇게 담임 선생님에게 명명백백하게 들통나 버렸다. 그와 함께 나의 난독증 교수 실력까지 들통나 버렸다. 그 누구도 아닌 나 스스로에게였다. 이러나저러나 부끄러움은 온전히 나의 몫이 되어 버렸다.

'ㅐ'와 'ㅔ'의 아슬아슬한 줄타기는 이번이 처음은 아니었다. 하지만 나도 자신이 없었다. 그래서 난독증을 치료하고 남은 흉터쯤으로 생각하며 지냈다. 그러나 이러한 엄마의 능력을 알 리 없는 우리 아이는 나에게 두 손 번쩍 들어 알려 주고 있었다.

'내일모레 중학생이 되어도 'ㅐ', 'ㅔ'가 헷갈려 '선생님께'도 제대로 못 쓰는 사람이 여기 있습니다!'

나는 먼저 수업 오는 아이들을 관찰해 보았다. 수업 후반부가 되어 종결할 시점에 접어들었는데도 여전히 'ㅐ', 'ㅔ'를 변별하지 못하는 아이들, 일단은 그 아이들의 공통점을 찾기 시작했다.

엄마라는 이름의 힘이었을까. 나는 곧 공통점을 찾을 수 있었다. 그들은 모두 획순을 바르지 않게 쓰고 있었다.

어떻게 ㅐ와 ㅔ를 변별시키나?

 획순의 중요성은 대부분 자음에 편중되기 쉽다. 자음의 획순은 글자의 전체적인 모양과 연관되어 있어 획순에 맞지 않게 쓰면 형태가 뒤틀려 알아볼 수 없는 글자가 되기 쉽다. 그러나 모음은 자음에 비해 모양이 단순하기 때문에 획순에 어긋나게 써도 모양이 크게 변형되지는 않는다. 그래서 획순 훈련은 자음에만 치중되어 있었고 모음은 지나쳤다.

 아니 지쳤었다. 자음의 획순을 수정시키는 것도 길고 험난한 시간과 인내의 힘이 있어야 이룰 수 있는 일이다. 그래서 모음의 획순까지 잡을 여력이 없었다.

 그런데 'ㅐ'와 'ㅔ'의 오류가 지속되는 아이들에게서 공통적으로 모음 획순의 오류가 발견되었다. 그중에서도 특히 모음 'ㅓ'를 세로부터 긋고 가로획은 오른쪽에서 왼쪽 방향으로 반대로 긋는 양상이 공통적으로 관찰되었다. 그리고 그것은 'ㅐ'와 연결이 되어 'ㅐ'를 쓰는 데 있어서도 세로 두 획을 긋고 가로획을 똑같이 반대 방향으로 그었다. 이러한 방향성은 'ㅕ'에서도 마찬가지였다. 세로획을 그은 다음에 가로 두 획은 안쪽으로 그었다.

찾았다! 그들은 세로 본능을 가지고 있었다.

이 세로 본능을 가로와 세로 방향으로 분화시키는 것은 자음의 획순을 교정하는 것보다 더 어려운 일이었다. 모음의 획순은 더 단순하고 빈번하게 있는 행동이었기 때문에 훨씬 단단하게 고착되어 있었다. 게다가 맞는 글자를 왜 지우냐며 투덜거리는 아이들에게 나조차 확신 없는 길을 확고한 척 걸어가야 했다.

문장에서 'ㅐ'와 'ㅔ'는 단어와 조사에 불규칙하게 들어가 있다. 아이들의 뒤엉킨 획순을 정확하고 완벽히 쓰게 하기 위해 지우개는 내 손에서 떠날 날이 없어서 어깨의 통증은 만성 질환으로 뿌리내렸고 책상 위는 온통 지우개 가루 천지가 되었다.

그렇게 6개월 정도의 시간이 흐르자, 우리 아이는 물론 나에게 수업받는 아이들에게서도 'ㅐ'와 'ㅔ'의 가로와 세로 방향의 분화가 일어났다. 이제 아이들은 'ㅐ'와 'ㅔ'를 쓸 때 더 이상 획순을 뒤바꿔 쓰지 않았다. 그러자 더 이상 '선생님께'를 '선생님깨'라고 쓰지 않았다.

   이제 아이들의 세상에는 '세'가 날아다니지도 '달펭이'가 기어다니지도 않았고, 남극에는 '팽귄'이 살지도 않게 되었다. '안녕하세요', '사랑헤요'의 민망한 인사도 찾아볼 수 없게 되자, 지긋지긋한 난독증의 꼬리표도 찾아보기 어렵게 되었다.

   그렇게 마지막 남은 '깨'마저 훌훌 털어 버렸다.

유전이 된다

학창 시절
다른 친구들은
훈남에 똑똑해 보이고,
귀공자 같기도 한
남자들을 좋아할 때

난 남자는 힘이라며
스티븐 시걸에
신성우, 주진모까지~ ^^*

남성성이 강해 보이는
그런 남자들을 좋아했다.

그러다, 정말
머리 쓰는 것보다는
몸 쓰는 것을 더 잘하는
남자를 만나 결혼을 했다.

그리고,
그렇게도 원하던
건강한 아이를 낳았다.

그런데 점점……
머리 쓰는 것보다는
몸 쓰는 것을 더 좋아하는
아이를 바라보게 되었다.

아니,
그런 아이를 낳았겠지.

아이의 부족한 면이
날 닮았다는 죄책감은
이루 말할 수 없을 것이고,

내가 선택한 사람에게
비롯되었다는 것도
만만치 않은 후회의 감정들을
밀려오게 만든다.

그러나,
다시 돌이킨다 해도
난 그 사람을 사랑할 것이고

또,
건강하고 씩씩한 아이를 낳겠지.

우린
우리가 사랑하는 사람을 만나
결실이 된 아이에게
나쁜 것만을 물려준 것이 아니다.

건강한 신체

씩씩한 기질

창의적인 생각

긍정적인 마음

우수한 감각 능력

마지막으로

한번 꽂히면 끝까지 해내려는

끈기까지 물려주었으니

너무 가슴 아파만 하지 않았으면 좋겠다.

다시

우리의 DNA를 사랑해 보자.

소리로~한글 블로그 중에서

- 우는 아기
- 특수한 아기
- 까탈스러운 아기
- 둥글둥글한 아기

우리 아기

우는
아기

신혼 초에 나는 한창 난독증 치료에 열중이었다. 그 어디에도 없던 새로운 프로그램을 만들어 아이들에게 적용하고 그 프로그램으로 인해 개선되어 가는 아이들을 지켜보며 기뻐하는 날의 연속이었다. 성취감으로 가득 찬 30대를 지내고 있었다.

그러다 어느 날, 한 아기가 나에게 찾아왔다.

내가 임신을 한 것이다. 난독증 프로그램은 완성되지

않은 상태였다. 나는 좀 더 프로그램을 완성시켜 보겠다는 마음으로 임신 9개월까지 일에 매달렸다. 그리고 출산 후 산후조리가 끝나면 바로 출근하기로 병원 측과 협의가 되어 있었다. 하지만 몸은 마음먹은 대로 회복되지 않았고, 결국 복직을 하지 못하게 되었다. 나는 '경단녀'가 되었다.

아기는 신체 건강하게 태어났다. 태어날 때부터 발육 상태가 남달라 신생아실에 있는 아기들 중 가장 큰 아기가 우리 아기였다. 건강하게 태어나 건강하게만 자랄 줄 알았던 아기는 이상하게 밤만 되면 울었다. 배가 고프거나 기저귀가 젖은 것도 아닌데, 어쩔 땐 5분도 채 잠을 이루지 못하고 깨서 우는 경우도 있었다. 그럴 때면 나는 아기를 업고 밖으로 나가야만 했다. 내가 아기를 업고 밖으로 나가면 아기는 이내 울음을 그치고 잠이 들었다.

아기가 3개월이 된 어느 날이었다. 낮잠은 잘 자는 아기를 보고 이런 생각이 들었다.
'혹시, 이 아기 혼자 있어야 잠을 잘 자는 것일까?'

낮잠을 재울 때, 나는 아기를 방에 재워 둔 채로 거실로 나와 빨래를 개거나 밥을 먹거나 하면서 시간을 보냈다. 이렇게 낮잠을 잘 때는 아기는 한 번도 깨지 않고 잤다.

나는 남편과 안방에서 자고 아기는 건넌방에 혼자 재워 보기로 했다. 그러나, 아이를 혼자 재운다는 것은 쉽지 않은 선택이었다. 우리나라의 양육 문화에서는 아기를 혼자 재우지 않는다. 밤에는 특히 더 그렇다. 엄마가 아기와 함께 자며 수시로 옆에서 이것저것을 챙겨 가며 키운다. 또 한 번씩 아기가 혼자 자다 질식사했다는 뉴스까지 나오곤 했으니 망설여질 수밖에 없었다.

하지만 밤마다 수시로 깨서 우는 아기를 업고 밖으로 나가는 일은 내겐 너무 버거운 일이었다. 결국, 나도 살아야겠다는 의지는 나에게 용기를 줬다. 그렇게 어렵사리 아기를 따로 재운 날 아기는 한 번도 깨지 않고 아침까지 잤다.

이때부터 나는 아기를 건넌방에 혼자 재웠다. 아기와 함께 방으로 들어가 아이를 재우다가 아기가 잠이 들면 안방으로 건너와 잤다. 나는 불안한 마음에 안방과 건너방의 문을 열어 놓고 잤고 한동안은 깊은 잠에 들지 못했다. 나와 남편은 아이와 따로 잤지만, 안방에서 내는 숨소리나 이불 소리에도 아기는 잠에서 깨서 울었다. 그 정도의 거리에서도 잠이 깨는 아기인데 나는 옆에서 부스럭거리며 잠을 잤으니 아기가 수시로 깬 것은 당연한 일이었다.

  그래 그거였다. 우리 아기는 옆에서 자는 사람의 숨소리나 뒤척이며 내는 이불 소리가 거슬려 잠에서 깼고, '시끄럽다'는 불쾌한 감정을 울음으로 표현했던 것이다. 나와 남편은 아기가 잠을 자면 숨소리 한번 크게 내지 못하며 지냈고 낮에도 기침이나 재채기라도 나오려 하면 입을 틀어막고 밖으로 나가야 했다.
  그리고, 나는 밤마다 안방과 건너방을 수시로 옮겨 다니며 잠을 자야 했다. 그래도 방을 옮겨 다니는 일은 아기를 업고 밖으로 나가는 일보다는 훨씬 수월한 일이었다. 또 아기와 따로 자니 좋은 점은 더 있었다. 나는 남편과 한 이불을 덮고 자는 사이가 되었다.

아기가 말을 할 수 있을 무렵의 일이었다. 이제 아기는 혼자 자다가 깨도 울지 않았다. 잠에서 깨게 되면 안방으로 건너와 내 옆에서 한숨을 또 잤다.

그러던 어느 날, 아기는 엄마랑 아침까지 계속 자고 싶다고 했다. 우리는 함께 잠을 자 보았다. 깊은 밤 아기는 나를 깨우며 손짓으로 방문을 가리키며 말했다.

"시꺼, 시꺼."

내가 시끄럽단다. 나가란다. 결국 나는 다시 안방으로 와야 했다.

form
특수한
아기

　아기가 태어난 지 7개월 때의 일이었다. 아기는 알 수 없는 설사를 시작했다. 지사제나 항생제는 아기의 설사를 잠시만 멈추게 할 뿐이었다. 그 의문의 설사는 한 달간 계속됐다. 의사 선생님은 분유를 바꿔 보자고 했다. '분유 알레르기'가 의심된다는 것이었다. 나는 순간 걱정이 되었다.

　'아기가 분유 알레르기가 있으면 뭘 먹여 키우나?'

이렇게 분유 알레르기가 있는 아기들을 위해 콩으로 만든 일명 '특수 분유'라는 것이 있었다. 그 특수 분유를 먹이니 아이의 설사가 멎었다. 그때부터 분유를 끊을 때까지 우리 아기는 특수 분유를 먹고 자랐다.

 돌 무렵이 되어 분유를 끊고 이유식을 하면서 밥을 먹일 준비를 할 시기가 왔다. 그런데 이유식부터 편식이 심했다. 일단 이유식 색깔이 초록빛이나 노란빛을 띠면 고개부터 돌렸다. 지금도 시금치, 단호박은 거들떠도 안 보는 음식이다.
 내가 이유식을 발달 단계의 재료를 사용해 아기 앞에 내놓기도 전에 아기는 입을 두 손으로 가렸다. 나는 이유식을 조금이라도 더 먹여 보려고 했고, 그러면 그럴수록 아기는 온 집 안을 울음바다로 만들어 버렸다.

 이 상황을 알게 된 시어머니께서 원래 시댁 식구들은 아파도 죽을 안 먹는다며 아기에게 밥을 먹여 보라고 했다.
 '이유식을 먹어야 하지 않나? 괜찮을까?'
 의구심은 잠시였다. 며칠 못 가 우리 아기는 9개월부

터 밥을 먹는 아기가 되어 있었다. 그리고 아이는 편식이 심한 사람으로 자라났다. 누구는 이유식부터 잘못되어 그렇다지만, 내 생각에는 이유식 이전부터 무언가 잘못된 것으로 생각되었다.

 시간은 지나 밥을 먹고 간식을 먹기 시작하는 때가 되었다. 그런데 어느 날, 응급실로 아기를 안고 쫓아가는 상황이 발생했다. 아기의 온몸에 발진이 생기고 호흡곤란까지 온 것이다. 병원에서는 수액 처치를 해 주고 알레르기 검사를 하자고 했다. 검사 결과는 '밀가루 알레르기'였다. 그전에도 발진은 나타났었는데 모기에 물린 줄만 알았다.

 우리 아기의 발진 형태는 꼭 모기 물린 것과 같았다. 소아과 선생님도 아이의 발진을 보고는 말하곤 했다.
 "모기 물렸구나."
 응급실로 달려가던 날은 아기가 마트에서 사 온 빵을 반 봉지나 먹은 날이었다.

 어느덧 아기는 아장아장 걷게 되었고 놀이터에서 나

가 노는 일이 많아졌다. 놀이터에 나가면 다른 친구나 형들이 먹는 간식을 너무 먹고 싶어 했다. 아기가 먹고 싶어 하면 나는 알레르기가 날 것을 알면서도 먹어 보라고 했다.

"알레르기 날 텐데, 먹고 싶으면 먹어 봐."

함께 있던 엄마들은 놀라움 반 핀잔이 반이었다.

"아기가 그러면 안 먹어?",

"그렇게 설명한다고 알아듣겠어?"

하지만, 나는 돌 지난 아기도 그 정도는 알아들을 수 있다고 생각했고, 이렇게 경험하며 키워 나가야 발진을 유발하는 수많은 밀가루 음식 앞에서 욕구를 억제하며 자랄 수 있을 것 같았다.

아기는 먹고 싶은 음식이 있으면 한두 입 정도를 먹어 봤다. 그 정도만 먹어도 저녁에 발진이 몇 군데 나타났다. 발진은 벌겋게 둥그런 모양으로 아기 손바닥만 한 크기였다. 몸 이곳저곳 가리지 않고 나타났는데 한두 군데에서 심하면 대여섯 군데도 올라왔다. 발진이 발에 나면 발이 부어 신발을 신을 수 없을 정도였고, 눈

두덩이에라도 나면 아기는 복서가 되어 버렸다. 이렇게 나와 아기는 알레르기 음식을 구별해 나갔고, 점점 알레르기 음식을 아기 스스로 절제해 나갔다.

 아기가 스스로 알레르기 음식을 절제하니 나에게 있어 '밀가루 알레르기'는 알레르기와의 전쟁이라기보다는 새로운 간식을 찾아 헤매는 탐험이 되었다. 나는 늘 새로운 간식을 찾아 헤맸다. 그리고 아기가 맛있게 먹고 알레르기가 나지 않으면 그 성취감은 이루 말할 수 없었다. 나는 경단녀가 된 허전한 마음을 아이의 간식 탐험으로 달래고 있었다. 그렇게 간식 탐험이 끝나 갈 때쯤 아이의 또 다른 예민함이 고개를 들었다.

까탈스러운
아기

 말을 할 수 있을 무렵부터 아이는 자기 옷의 라벨이 거슬린다는 얘기를 했다. 하지만 나는 뜯어 주지 않았다. 심지어 뜯을 수 없는 거라고 했다. 그러면서 어쩔 수 없는 것이니 참으라고 했다.

 예민한 아이를 키운다고 아이의 민감함을 전부 수용해서 키우면 아이는 자신의 기질을 조율하고 조정해 볼 여지가 없이 크게 된다. 어떤 부분이나 어느 정도에 있어서는 아이가 참아 볼 수 있도록 키우는 것이 중요하다. 아이의 민감성을 모두 수용하며 키우는 부모는 본인이 아이에게 모든 것을 헌신하며 전적으로 아이에게 맞추며 육아를 잘하고 있다고 생각한다. 하지만 다른 측면에서 생각해 보면 아이에게 참아 볼 기회를 주지 않고 키우고 있는 것이다.

나에게 있어 라벨은 아이에게 참아 볼 수 있는 기회를 주는 부분이었다. '라벨 뜯어 주기'라는 대수롭지 않은 행동이 한번 뜯어 주게 되면 평생을 라벨을 뜯어 입고 사는 사람을 만들게 될 수 있다. 처음에는 나도 라벨이 길어 아이가 많이 거슬려 하는 것은 잘라 주었다. 그렇게 라벨이 제거된 옷과 아닌 옷을 섞어 입혔다. 점점 라벨이 그대로 달린 옷들이 많아지게 되었고 6세가 되자, 아이는 라벨에 신경을 쓰지 않게 되었다. 그리고 지금은 옷의 라벨보다는 옷의 브랜드에 더 관심을 갖는 평범한 10대가 되었다.

나는 예전에 언어치료사로서 일하면서 감각통합이라는 치료법을 관심 있게 봐 왔었다. 감각통합 치료법이란 한 감각의 이상을 다른 감각의 적절한 자극을 통해 균형적인 발달로 이루게 하는 방법이다. 이러한 감각통합 치료법의 시작은 어리면 어릴수록 좋다.

그래서 이쯤에서 밝히자면, 나는 아기가 소리에 예민하다는 사실을 안 생후 3개월부터 감각통합의 한 가지 치료법을 시행해 오고 있었다. 그것은 손바닥과 발바닥을 솔로 문질러주는 '솔 마사지'였다. 솔 마사지는 다른 감각의 접근이 어려운 유아에게도 비교적 실시하기 쉬운 감각통합 방법이다. 외국에서는 흔한 방법이라 나는 해외 직구로 내가 원하는 유아용 마사지 솔을 구매해 사용해 왔다. 하지만, 이 정도의 자극으로는 이 아이의 과민함이 크게 개선되지 않을 것 같았다.

우리 아이의 촉감에 대한 과민함은 옷의 라벨에 대한 불편함을 나타내는 것 외에 다른 상황에서도 나타났기 때문이다.

그것은 모래 놀이터에 들어가지 않으려 한 것이다. 마음먹고 간 바닷가 나들이에서는 하루 종일 아이를 안고 있어야 했고, 모래 놀이터에 친구들이 놀고 있으면 친구들과 노는 것이 아무리 좋아도 차라리 혼자 노는 것을 택할 정도였다.

이 모래에 대한 해법은 의외로 간단했다. 아쿠아슈즈를 신겨서 들여보냈더니 친구들과 모래 놀이를 하고 노는 데 무리가 없게 되었다. 발에 모래가 닿는 느낌이 간질거려 들어갈 수가 없었단다. 그래서 나는 해변으로 여행을 갈 때면 늘 아쿠아슈즈를 챙겨 갔다.

이러한 우리 아이의 발 감각의 민감함은 신발에서도 나타났다. 아이는 네 살 때 우연히 사 주게 된 신발을 유난히 좋아했다. 그리고 아이는 매번 똑같은 신발을 사 주기를 원했다. 결국 여덟 살이 될 때까지 우리 아이는 그 신발의 마지막 사이즈까지 신는 덕후가 되었다.

중간에 다른 신발을 사 준 적이 있었지만, 아이는 새로운 신발은 신지도 않고 예전의 신발만을 신고 다녔다. 뻔히 작아진 신발인데 편하다고 말하며 끝까지 그 신발만 고집했다. 나는 우리 아이가 원하는 디자인의 신발을 다시 사 줄 수밖에 없었다. 아동용인 그 신발은 이제 신을 수 없지만, 지금도 아이는 특정 브랜드의 비슷한 디자인의 신발을 선호한다.

 본격적으로 내가 우리 아이의 과민함을 낮추기 위해 시작한 활동은 '수영'과 '퍼포먼스 미술'이었다.

 돌 무렵, 나는 아이를 씻긴다고 아이에게 욕조 위를 잡게 하고 비누질을 해 주려고 거품을 내던 참이었고, 욕조 물은 아기 발목을 넘어가고 있었다. 그런데 갑자기 아기가 뒤로 벌러덩 미끄러지며 누워 버렸다. 나는 너무 놀라 "으악!" 소리를 질렀다. 그런데 아기는 물속에서 버둥거리며 깔깔거리며 웃었다. 귀는 물속에 잠겨 있었고 얼굴만 동그랗게 물 밖으로 내놓은 상태였다. 이렇게 물을 좋아하는 아이였다.

 나는 이런 아이를 위해 3세 때부터 수영을 시켰다. 이때는 유아 수영으로 엄마가 아이를 안고 물속에서 다양한 활동을 하는 수업이었다. 한겨울에도 차가운 수영장 물에 들어가는 것을 싫어하는 것은 나뿐이었다. 아이는 수영장 가는 것을 너무 좋아했다. 그렇게 수영을 접하게 해서 5세부터는 일반 수영으로 바꿔 주었다. 그 후로 초등학교 2학년 때까지 수영을 지속해서 오리발 영법까지 마치게 했다.

'퍼포먼스 미술'은 텅 빈 방에 물감, 진흙, 거품 등의 재료들을 달리 제공한다. 아이들은 그 방에서 다양한 자극을 온몸으로 느끼게 하며 미술 활동을 한다. 일종의 행위예술 같은 미술 활동이다.

그런데, 퍼포먼스 미술은 학원 입구에서부터 울었다. 퍼포먼스 미술학원은 입구부터 분위기가 다른 학원들과는 좀 다르다. 벽이나 손잡이 등에 물감 자국 등이 있다. 선생님들이 닦는다고 닦아도 그런 것들이 깔끔하게 지워지기는 어렵다. 만졌을 때 손에 묻어나지는 않지만, 아이는 '지지'라면서 입구에서부터 울기 시작했다. 그러면 나는 우는 아이를 번쩍 들어 교실 안에 갖다 놓았다. 거부 의사가 확고한 이 울음소리는 수업 시간 내내 끊이지 않았다.

다른 아이들도 처음에는 어색해했지만 조심스레 탐색하더니 점점 즐기며 놀았다. 그런데 우리 아이만 무섭단다. 살려 달란다. 선생님은 처음이라 그렇다며 다음에는 좀 나을 거라 했다. 하지만 살려 달라는 외침은 한 달 동안 지속되었다.

 한 달이 지나 두 달째가 되니 아이는 퍼포먼스 미술 활동에 적응하기 시작했다. 한 달, 내가 생각했던 것보다는 빠른 시간에 아이가 적응했다. 어쩜 아이가 포기했는지도 모르겠다. 내가 퍼포먼스 미술을 전혀 포기할 생각이 없었으니 나의 확고한 의지를 아이는 충분히 느끼고 있었을 것이다. 이 퍼포먼스 미술 활동은 3세부터 시작해 6세까지 지속했다.

 아이는 무럭무럭 자라 5세가 되었다. 생후 3개월부터 준 다양한 자극들이 5년은 된 것이다. 그렇게 5세가 된 아이는 이제 피부에 무언가 닿는 느낌에 불쾌해하지 않았다. 나는 부지런히 분수 놀이터를 쫓아다녔다. 여름 3개월은 분수 놀이터에서 살다시피 했다. 얼마나 자주 갔던지, 10살 때부터는 시시해졌다며 분수 놀이터를 들어가지 않을 정도가 되어 버렸다.

 이제 와서 돌이켜 봐도 내가 좀 유난하긴 했다. 난 유난을 떨어서라도 우리 아이가 유난한 사람이 되지 않기를 바랐다. 왜냐하면, 내가 그 누구보다 유난한 사람이기 때문이다.

유난해서 뾰족한 사람이 그 뾰족함을 드러내고 사는 것도, 감추고 사는 것도 녹록지 않은 삶이다. 나는 아이의 유난하지 않은 삶을 위해 기꺼이 내가 유난한 사람이 되었다.

그러나, 아무리 유난을 떨며 키워도 접근조차 안 되는 부분이 있었다. 아이에게 인내심을 요구하며 강요하기에는 힘든 부분이 있다. 아이의 생명이나 발육과 직결되었거나 다른 심리적 부작용이 야기되는 그런 것들이다. 이러한 부분을 변별해서 접근해 가야 하므로 아이의 예민함을 다스리며 키우는 일은 매우 섬세한 작업이다.

오히려 아이의 예민함을 무조건 수용하며 키우는 일은 처음에는 어려운 일이나, 시간이 갈수록 맞추고 있는 엄마도 배려받고 있는 아이도 서로 익숙해져 당연한 일상이 되어 버린다.

하지만 아이의 나이가 한 살씩 먹는 것을 전환점으로 삼아 올해의 인내 과제를 정해서 실행해 보자. 한 해, 두 해가 지나 스무 살의 성인이 된 아이의 모습은 분명 지금과는 달라져 있을 것이다.

둥글둥글한
아기

　영아기에서 유아기를 지나 어린이가 된 우리 아이는 이제 바닷가에 가면 모래사장을 맨발로 뛰어다니고 뒹굴면서 논다. 과자를 먹을 때 손으로 받치고 먹던 아이가 지금은 급식 시간에 먹은 음식을 입가에 묻은 양념으로 알려 주기도 한다. 그런 아이를 볼 때면 너무 멀리 온 게 아닌가 하며 나도 모르게 입꼬리가 올라가 있다.

　중학생의 청소년이 된 우리 아이는 집에 들어오면 제

일 먼저 내게 와 안아 달라고 한다. 힘들었다면서 내 살 냄새를 맡고 한바탕 부둥켜안고는 씻으러 간다. 엄마와의 스킨십으로 하루의 피로를 달래는 흔치 않은 청소년이 되었다. 또, 피자를 시킬 때 버섯을 빼 달라는 요청을 따로 써야 하고 고깃집에서도 쌈은 절대 싸 먹지 않는다. 아이는 고탄고지에 육식주의자가 되었다.

나는 편식이 심해 끼니때마다 잔소리할 수밖에 없는 것을 과감히 멈췄다. 그 대신 내가 아이에게 해 준 것은 주스를 갈아 먹이는 것이었다. 거의 매일 하루에 한 잔 이상의 주스를 먹여 가며 키웠다. 대부분 내가 직접 손질해 냉동실에 얼려 놓고 믹서기로 갈아 먹였다. 시금치, 케일에서부터 대추, 아보카도, 비트 등 아이가 음식으로 잘 접하지 않는 재료를 주스의 형태로 먹여 왔다.

그리고 그 주스는 아무리 역하고 이상해도 꼭 먹어야 하는 것으로 여기게 했다. 아이가 먹기 힘들어하면 그 다음 번에 사과나 파인애플을 좀 더 많이 넣는 방식으로 역한 맛을 순화시켜 먹게 했다. 끼니때마다 잔소리하기보다는 야채 주스 한 잔으로 하루 야채 섭취량을 대신했다. 양으로 봤을 때도 때때마다 '골고루'를 말하며 먹이는 양보다 많았다. 그렇게 주스로라도 영양소를 채워 가며 키워서인지 여전히 신생아실에서의 비율이 느껴지는 발육 상태이다.

 이제 일상생활에서는 그 누구도 이 아이에게서 예민함을 느끼지 못한다. 당연히 학교생활에서 문제가 없고 아이 친구들은 우리 아이의 독특한 발상이 재미있다며 좋아한다. 또, 이 아이를 아는 어른들에게서 늘 듣는 말이 있다. 그것은 '성격 좋다.'는 말이다.

 그러나 잠잘 때 있어서는 모든 감각이 다 살아나는 듯하다. 그놈의 수면 조끼, 잠잘 때 애착물이다. 무려 14년을 애착하며 아이와 함께 온 데를 돌아다니다 작년에 드디어 뗐다. 나긋나긋해져서 먼지가 날리고 간간이 보이는 공룡 그림은 연식을 알려 주기에 충분했다. 중학생 된 기념으로 내가 버렸다면 다들 속 시원하다 할 테다. 언젠가부터 다른 데서 잠을 잘 때는 수면 조끼를 챙겨 가지 않는 모습을 보고는 마음먹었었다.
 '버려야지.'

아이 방 이불 정리를 하다가 먼지를 날리며 뒹굴고 있는 수면 조끼를 보고는 그대로 집어 들었다. 그리고 쓰레기통에 넣고 아예 쓰레기봉투까지 묶어 밖에다 버렸다. 잠들 무렵, 아이는 수면 조끼가 없어진 것을 알고 여기저기 찾더니 쓰레기통을 들여다봤다. 내 예상이 맞았고 이번엔 끝까지 모른 척했다. 중학생이 된 아이는 며칠 동안을 수면 조끼를 찾으며 허전해 잠이 안 온다고 칭얼거렸다. 하지만, 결국 적응할 수밖에 없었고 그렇게 14년 만에 애착물 분리에 성공했다.

또 우리 아이는 방문, 창문을 닫고 암막 커튼을 치고 잠을 자는데 이렇게 바람 한 점 없는 데서 잠을 자니 1년의 서너 달을 제외한 대부분의 날들은 에어컨을 켜야 잠을 이룬다. 창문을 열고 암막 커튼까지 치지 않으면, 바깥 소리와 불빛이 거슬려 잠이 안 온다는데 어쩔 수가 있나! 지금 우리 아이 방에는 암막 커튼이 두 겹으로 쳐져 있다. 그러니 선선해 잠자기 딱 좋은 4월에도 아이 방의 에어컨은 돌아가고 있다.

그리고, 지금까지 이어지는 것이 하나 더 있다. 이게

마지막이다. 그것은 바로 내가 옆에서 아이를 재워 주는 것이다. 아빠보다 더 커 버린 중학생 아들을 재워 준다. 토닥토닥 재워 준다기보다는 도란도란 이야기를 나누는 시간에 가까운 것이라 말하고 싶다.

아이는 그 시간을 참 좋아한다. 내가 피곤해 못 재워 준다고 하는 날에는 못내 서운함을 내비친다. 그리고, 그것은 절대 연속해서 일어나서는 안 되는 일이다. 아이는 그 시간에 학교에서 있었던 일이나 자기의 고민을 털어놓는다. 나는 그 덕에 학교에서 무슨 일이 일어나고 있는지 아이가 지금 무슨 생각을 하며 지내는지를 다 아는 엄마가 되었다.

나의 맹목적인 노력에도 우리 아이의 속까지 둥글둥글하게 하지는 못했다. 하지만 후회는 없다. 부모로서 후회가 없으니 아이의 특성을 기질로 받아들이게 된다. 양육에 있어 '포기'는 또 다른 말로 '인정'이 될 수 있다.

감각이 예민한 아이는 보통 한두 가지가 예민한 것이 아니다. 전반적으로 예민하고 한두 가지가 더 예민한 양상을 보이는 경우가 많다.

우리 아이는 다른 감각에 비해 촉감에 대한 민감성이 상대적으로 낮았다. 나는 이 부분을 집중적으로 공략해 촉감에 대한 민감성을 완전히 낮춰 평범하게 보이는 노력들을 했고, 결국 둔감화되어 아무도 알아차리지 못하게 되었다.

하지만 먹는 것과 자는 것은 좀처럼 개선시키기 어려웠다. 심지어 이 영역에 있어서는 모든 요구를 수용하며 키워 온 것을 남들이 질타한다 해도 나는 할 말이 없다.

먹는 것과 자는 것은 발달에 있어 가장 기본적인 부분으로 중요하게 생각했다. 그래서 둔감화시키는 데 실패했다는 표현을 써도 될 만큼이다. 그래도 다행인 건 아이의 수면 환경이 보장받지 못하는 경우에도 순응하며 잠을 이루는 사람까지는 되었다.

더불어 어른이 되어서도 존중받으며 살아가게 되기를 바라는 엄마의 마음도 굳건히 남아 있다.

예민한 아이를 키우는 데 있어 상대적으로 덜 예민한 부분을 공략해 민감성을 확 낮춰 키우면 예민한 사람으로 두드러지지 않을 수 있다. 왜냐하면, 보통의 사람들도 한두 가지는 예민한 부분이 있기 때문이다. 지금이라도 늦지 않았다. 아이의 덜 예민한 부분을 찾아 둔감화하는 노력을 해 보자.

'예민하다'라는 것은 다른 사람보다 감각을 더 잘 느끼는 것을 말한다. 그러나 예민은 과민으로 가기 쉽다. 예민은 불편하지만, 과민은 불쾌하다. 아이의 예민함을 기질로 인정해 도닥이며 간다면, 아이는 과민해지지 않는다. 나의 기질이 다른 사람의 이해를 받지 못할 때 더더욱 큰소리를 내며 과민한 사람이 되는 것이다.

- 색
- 수
- 시
- 원

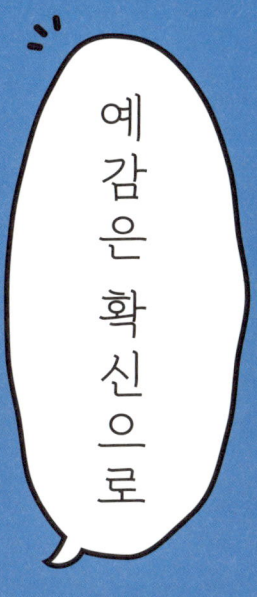

색

    태어날 때부터 발육 상태가 좋았던 우리 아이는 신체 발달도 빨랐다. 하지만 아이는 신체 발달만 빠른 것이 아니었다. 말도 빠르고, 생각도 빠르고, 게다가 공감 능력까지 좋았다. 우리 아이는 덩치도 크고, 말도 잘하고, 양보도 잘하는 그런 아이였던 것이다.
    "덩치 큰 애들은 폭력적이던데 어쩜 양보도 잘하고……."
    엄마들은 애를 어떻게 그렇게 잘 키웠냐고 칭찬이 자

자했다.

그래, 우리 아이는 '엄친아'였다. 나는 알레르기만 아니면 잘 키우고 있노라 자신했다. 우스갯소리로 지인들에게 이런 농담까지 건네며 잘 살고 있었다.
"우리 아이는 태교를 한글로 해서 한글은 그냥 뗄 텐데……."
고작 세 살짜리 아이를 두고 나의 자만심은 하늘을 뚫고 올라갔다.

아이는 잘 자라 5세가 되었다. 그런데 말은 그렇게 잘하면서 정작 짚어서 물어보면 제대로 아는 것이 없었다.
아이는 횡단보도에서 내게 이렇게 말했다.
"엄마, 손 들고 건너야지."
그러면서 자기 오른쪽 팔을 귀 옆으로 바짝 대고 나머지 한 손으로는 내 손을 툭툭 쳤다. 그러면 나도 아이와 함께 귀 옆에 팔을 바짝 대고 손을 들고 건너야 했다. 순간 횡단보도를 건너는 모든 사람들은 우리를 흐뭇하게 바라보게 된다.

그렇게 매번 횡단보도를 건너는데 어느 날 아이가 이렇게 말했다.

"엄마, 파란불이네. 손 들고 건너야지. 위험해."

나는 그 순간 생각했다.

'이제 파란색도 아는구나.'

집으로 와서 파란색과 빨간색 색종이를 가지고 색깔을 아는지 확인해 봤다. 그런데 아이는 아무렇게나 입에서 나오는 대로 말했다.

초등학교 선생님인 지인에게 이 일을 이야기하니 신호등의 색깔은 정확하게 초록색이니 파란색과는 헷갈릴 수 있단다. 그러면서 내가 너무 예민하다고 했다. 하지만 아이가 파란색과 초록색을 모르는 걸 가지고 걱정을 했겠는가. 이 당시 아이는 색깔 이름을 전혀 모르고 있던 상태였다. 그래도 친구의 말대로 내가 너무 예민한 거라 생각했다. 아니 내가 예민한 거라 믿고 싶었다.

내가 한 번씩 아이에게 색깔을 물어보니 어느 날은 아이가 미술학원 로고를 보고 먼저 색이름을 말했다.

"빨간색 맞지!"

미술학원의 로고는 꽃 모양으로 꽃잎 하나하나가 빨주노초파남보 무지개색으로 표현되어 있었다. 아이가 꽃 모양이라 빨간색이라고 한 것인지 여러 가지 색 중에 빨간색도 있어 그걸 보고 말한 것인지 알 수 없었다. 그러나 나는 확실하게 확인하지 않고 말했다.

"응, 빨간색 맞네. 이제 색깔도 아네."

그러면서 이렇게 생각했다.

'이제 다섯 살인데 색깔 이름 잘 모른다고 뭐 잘못되는 것도 아니고……. 아무 상관 없어, 아닐 거야.'

그 무렵 아이가 가장 확실하게 알게 된 색이 있었다. 그것은 노란색이었다. 노란색은 아이가 가장 좋아하는 색이다. 그래서 우리 집에는 노란 물건이 많았다. 아이 물건을 살 때 노란색이 있는 상품은 무조건 노란색으로 사 주었다. 같은 물건이라도 노란색으로 사 주면 아이가 훨씬 좋아했기 때문이다. 점점 우리 집에는 노란색 물건이 늘어 갔다. 노란 우산, 노란 장화, 노란 장갑, 노란 모자, 노란 이불, 나열하자면 끝이 없다.

심지어 블록도 노란색이 좋다며 한동안은 노란색 블록만 가지고 놀기도 했다.

이러한 상황에서 아이가 노란색을 가장 먼저 알게 된 것은 당연한 일이다. 노란색을 확실하게 알게 된 아이는 지나다니다 노란색만 보면 "노란색"이라고 외쳐댔다. 그거라도 자신 있게 말하고 다니는 아이의 모습을 보고 있으면 나의 걱정들은 쓸데없는 것으로 미루어졌다.

사람들은 색깔, 숫자, 물건, 지역 등 현실에 있는 것에 딱 떨어지는 이름을 붙여 놨고 사람 자체에도 고유한 이름을 붙였다. 이렇게 우리 눈에 보이는 환경에 있는 물건이나 개념 등을 단어로 말하는 것을 '명명하기'라고 한다.

유아기에 가장 처음으로 명명하기 활동을 학습적으로 하게 되는 것이 '색이름 말하기'이다. 유치원 선생님의 립스틱 색깔만 바뀌어도 누구보다 먼저 알아차리는 아이지만 정작 '빨간색', '파란색', '노란색'의 색이름을 구별해서 말하는 데 시간이 오래 걸린다. 삼원색이나 무지개색 정도의 색이름은 잘 습득하였다 하더라도 '남색', '갈색', '주황색' 등 중간색의 색이름을 제대로 습득하는 데는 더 많은 어려움이 있고 이번 생애엔 알 수 없을 것 같은 느낌도 든다.

'색이름 말하기'는 유아기를 지나면 발달 영역의 체크리스트에 포함조차 되지 않는 부분이고 실생활에서도 색이름을 말할 일이 거의 없어 간과하고 지내기 쉬운 부분이다.

그 시절 엄마들 사이에는 아이가 좋아하는 색으로 아이의 성향을 알아보는 것이 유행이었다. 노란색을 좋아하는 아이는 '마냥 행복한 아이'란다.

5세의 다른 또래들은 색깔 이름도 다 알고 숫자는 100까지도 아는데, 색이름도 숫자도 모르는 우리 아이만 마냥 행복하게 '노란색'만 외쳐 댔다.

처음엔 그런 아이를 보면서 '저거라도 아니 다행이네.' 했다가, '남자아이니까 좀 느린 거겠지.'라며 억지스러운 이유를 붙여 위안도 해 보았다. 그러다가 마지막에는 '장난치는 걸까?'라는 말도 안 되는 의심도 해 봤다.

나 혼자만 초조하고 걱정되는 마음으로 터질 것 같은 속을 감추고 사는 하루하루가 지나가고 있었다.

색깔 이름은 제대로 몰라도 색감에 대한 호불호가 명백한 아이들이 있다. 우리 아이처럼 한 가지 색에 집착해 그 색깔만을 좋아하거나 아니면 한 가지 색을 싫어해 거부하는 경우도 있다. 좋아하는 색이 명확하고 한정적일수록 자라면서 취향이 많은 사람이 될 수 있다.

5세도 다 지나가는 겨울이 되자 유치원에서 색깔과 숫자를 모르는 사람은 우리 아이뿐이었다. 겨울이 지나면 6세가 되는 데다가 우리 아이는 3월생이다. 유아기에 태어난 월은 중요한 발달 지표이다. 12월생까지 100까지의 숫자를 다 꿰는 마당에 나는 우리 아이는 생일이 늦어서 그렇다는 핑계조차 댈 수 없었다.
　유치원 선생님들은 똘똘한 아이를 갖고 별걱정을 다 한다고 했다. 하지만 난 예감할 수 있었다.
　'어쩌면 우리 아이가 내가 가르쳤던 아이일 수 있겠구나!'

수

 여섯 살이 되면서 유치원에서는 본격적으로 학습이 이루어졌다. 이제 알레르기 걱정은 걱정도 아니었다. 이 글을 읽는 사람 중에 유치원 학습을 갖고 무슨 걱정을 그렇게 하나 싶을 것이다. 하지만 그 유치원 수준을 어려워하는 아이를 아무렇지 않은 듯 바라보고 있었다.

 우리 아이는 유치원에서 '수' 시간에 십의 자리가 시작되자 12와 21을 헷갈려 했다. 집에서 열심히 12와 21

을 가르쳐 보려는데 끝까지 21을 12로 우겨댔다. 나중에 아이는 나에게 화까지 내며 이렇게 말했다.

"둘 다 12로 똑같은데, 엄마는 왜 내 말을 안 믿어?"

어쩌면 우리 아이 눈엔 그렇게 보였을 수 있겠다. 아이들이 좌우를 순간적으로 혼동해 읽고 그것이 구별되지 않는 것은 학습이 느린 아이들에게 나타나는 아주 일반적인 증상이다. 난 우리 아이도 그럴 수 있다는 것이 머리로는 이해됐지만 눈앞은 막막하고 가슴은 먹먹해져 갔다.

아이들의 학습에 대한 어려움은 숫자 학습에서부터 느껴지는 경우가 많다. 우리 아이처럼 십의 자리 숫자에서 좌우가 뒤바뀌어 구별하지 못하는 경우가 있는가 하면, 모양의 위아래가 혼동되어 6과 9를 헷갈리기도 한다. 또한 5와 4의 좌우를 바꿔서 거울글자처럼 쓰거나 획순에 맞지 않게 쓰기도 한다.

난독의 증세가 있는 사람들은 시각적 정보를 한 번에 처리하려는 뇌를 가지고 있다. 마치 사진을 찍는 활동과 비슷하다고 이해하면 되겠다. 그렇게 한꺼번에 정보를 처리하려면 정보의 양이 많아질수록 세밀한 부분에서 오류가 생긴다.

지능이 우수한 아이들의 경우, 고학년이 되어 난독증이라는 것을 알게 되는 경우가 있다. 저학년 때는 정보의 양이 적어서 통째로 외워서 읽고 쓰기를 하다가 고학년이 되어 암기 능력으로는 문자 습득에 한계가 생겨 늦게 발견되는 것이다.

그래서 1학년 때 받아쓰기를 매번 백 점을 받았던 아이가 3학년이 되어 예고 없이 치러진 받아쓰기에서 빵점을 받는 이해할 수 없는 일이 일어나는 것이다.

시

 6세가 되면서 학습에 대한 고민을 항상 입에 달고 사는 나였다. 어느 날 유치원 담임 선생님께서 이렇게 위로의 말을 건넸다.
 "어머니, 너무 걱정 마세요. 벌써 시계도 아는걸요. 좀 있으면 머리가 트일 거예요."
 내가 믿을 수 없다는 제스처를 보이자, 선생님은 다시 말을 이어 갔다.
 "점심시간이면 '이제 12시죠?', 유치원이 끝날 때면

'4시 반이네요. 이제 집에 가겠네요.'라고 해요. 어머니."

 나는 선생님 말씀을 도저히 믿을 수 없었다. 아이를 집에 데려오자마자 집에 있는 알람 시계를 꺼냈다. 숫자가 네 군데만 쓰여 있는 시계였다. 시곗바늘을 움직여 3시에 맞추고는 물었다.
"몇 시야?"
아이는 눈동자를 굴렸다.
"4시?", "12시?"

 유치원 시계는 1에서 12까지 숫자가 다 써져 있는 것이었다. 나는 숫자가 다 써져 있는 아이 방 벽시계를 떼서 3시로 맞추고 보여줬다.
"몇 시야?"
이번엔 아이의 눈빛이 흔들렸다.
"4시?"
나는 이번엔 전자시계를 생각했다.
 그래, 숫자 공부도 좀 했고 유치원 어딘가에 있는 전자시계를 볼 수 있는 거라는 생각이 들었다. 내 핸드폰의 전자시계를 보여줬다.

"몇 시야?"

이번엔 아이의 눈동자가 물어오고 있었다.
'엄마, 지금 뭐 하는 거야?'
내게는 차마 말로는 내뱉지도 못하고 말이다.
그런데, 나 또한 아이에게 눈빛으로 얘기하고 있었다.
'또 틀렸어? 아니, 시계를 못 보는 거야? 그래 못 보는 게 맞지.'
나는 아이에게 실망의 눈빛을 보내고 있었고, 아이는 뭘 잘못했는지 모르겠다는 의문의 눈빛을 보냈다.

그때를 시작으로 우리 아이는 나에게 그 눈빛을 종종 보내왔다. 나는 그 눈빛을 볼 때면 생각한다.
'내가 너무 많이 가려 하는구나. 워워 진정하자, 그래 인정하자!'

바늘시계도 색깔과 마찬가지이다. 핸드폰이 보편화되면서 바늘시계를 볼 줄 몰라도 살아가는 데 큰 어려움이 없다. 전자시계는 바늘시계를 못 보더라도 숫자를 익히고 어느 정도 생활 연령이 되면 볼 줄 알게 된다.

그래서 부모들은 아이들이 바늘시계를 잘 못 본다는 것을 모르고 있거나 개선시켜 주어야 할 필요성을 느끼지 못한다.

바늘시계가 아니어도 알려 주어야 할 것이 산더미라 나도 간과해 버렸다. 단지 수학 문제에서 시간과 관련된 문제가 나올 때면 어쩌나 하긴 했다. 고학년이 되어도 시간을 포함한 문장제 문제는 언제든 나온다. 11시 45분도 한 번에 읽지 못하는 아이를 데리고, 2시간 37분 후에 몇 시가 되는지를 이해시킬 자신이 없었다. 그래서 나는 시간 관련 문제는 포기했다. 그리고 학습을, 수학을 버리지 않는 것으로 스스로를 응원했다.

이 시계 사건 이후에 나의 확신은 점점 커져 갔다. 그리고 6세 겨울이 왔는데도 친구 이름과 간판 글자를 못 읽으면 아이가 난독증인 것을 인정하자고 규정지었다. 6세 겨울은 당연하게 찾아왔다. 하지만 우리 아이만 모두가 당연하게 읽는 쉬운 글자도 전혀 읽지 못했다.

슬픈 예감은 언제나 빗나가지 않는다. 나는 우리 아

이가 난독증이라는 것을 인정할 수밖에 없었다.

난독증 치료사인 내가 난독증 아이를 낳은 것이다.

한국에서 유치원 정규 과정을 이수하고 있으면서 한글 교육을 주 2회 이상 1년 가까이 했는데도 친구 이름과 간판 글자를 못 읽는다면 난독증을 의심해 봐야 한다.

우리나라에서 아이들에게 한글 교육을 본격적으로 시작하는 나이를 6세 전후로 봤을 때, 7세 전후에는 친구 이름, 간판 글자 정도는 읽을 수 있어야 한다. 그러므로 7세 전후의 한글 습득 수준으로 난독증인가를 미리 짐작해 볼 수 있다.

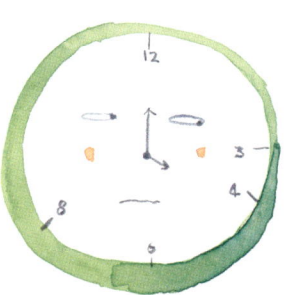

원

   유치원 교육과정에서 한글과 수 등의 학습 시간은 주로 이른 오전에 배치된다.

   우리 아이는 이것을 파악해 학습 시간이 다 끝나는 오전 늦게 등원을 하려고 했다. 아침에 일어나 세수하고 옷 입는 등원 준비를 꾸물거리는 것은 기본이었다. 갑자기 배가 아프다고 하는 등 어떡하든 유치원에 늦게 가려고 했다.

어느 날 아침이었다. 나는 아이를 깨우러 아이 방으로 갔는데 아이는 곤히 자고 있었다. 피곤한가 싶어 조금 더 재우려고 문을 살짝 닫고 방을 나왔다. 몇 분 후, 나는 다시 아이를 깨우러 방으로 갔다. 그런데 갑자기 아이가 깔깔거리며 침대에서 데굴데굴 구르는 바람에 우리 집엔 아침부터 난데없이 아이 웃음소리가 퍼져 나갔다.

아이는 유치원에 가기 싫어 자는 척 연기를 한 것이었고, 나는 그런 아이의 연기에 감쪽같이 속은 것이었다. 유치원 가기 싫어 엄마를 속인 게 재미있어 죽겠는 아이를 보며 나는 도대체 어떻게 해야 하는지 아무라도 붙들고 물어보고 싶었다.

그래도 그 시기 학습에 있어 남들보다 빠르게 습득하는 부분이 있었다. 그것은 영어였다. 영어는 곧잘 했고 재미있어했다. 아이는 영어가 있는 요일을 정확히 기억해 그 요일에는 깨우지 않아도 스스로 일어나 빠릿빠릿 준비하고, 이렇게 말하며 유치원에 갔다.

"엄마, 영어 공부 열심히 하고 올게."

유치원에는 원어민 선생님이 있었는데, 아이는 그 선생님의 악센트는 물론이고 제스처에 표정까지 완벽하게 따라 했다. 그 원어민 선생님은 우리 아이를 '지니어스'라고 불렀다.

이 또한 청지각에 민감한 난독증 아이들에게서 일반적으로 볼 수 있는 발달양상이다. 청각에 민감한 난독증 아이들은 스피치 위주의 초기 영어 학습에서 놀라운 습득력을 보인다. 나는 난독증 기질 덕분에 영어는 잘한다며 긍정의 에너지를 불어넣으려 애썼다.

그렇게 우리 아이의 '엄친아'의 시절이 지나가고 있었다.

- 새로운 시야
- 새로운 시작
- 난감한 수업
- 뜻밖의 선언

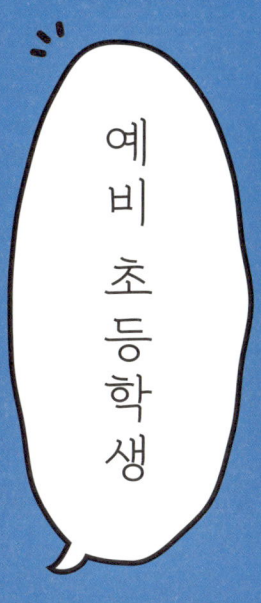

예비 초등학생

새로운
시야

　아이가 두 돌이 지나면서부터 나는 다시 치료사 일을 하고 싶었다. 우리 아이의 알레르기 걱정만 하며 시간만 보내기에는 내가 배우고 쌓아 온 것들이 아까웠다. 그 시절, 나 또한 여느 경단녀들과 같은 갈망을 하며 세월을 보내고 있었다.

　그러나 수많은 음식 중에서 알레르기의 유무를 선별해 아이를 돌봐 줄 사람을 찾는 것은 쉬운 일이 아니었다. 친정이나 시댁에 잠깐씩이라도 아이를 맡기게 되는 일이 있어도 아이의 몸에는 여지없이 발진이 일어났다. 나는 양쪽 할머니들께 똑같은 대답을 들을 수 있었다.

"아이가 그렇게 먹고 싶어 하는데, 어떡하니."

6세가 되자 우리 아이는 한글은 몰랐지만, 자기한테 알레르기가 나는 음식을 구별해 골라서 먹을 수 있게 되었다. 드디어 나도 사회로 나갈 수 있었다.

나는 아이 유치원을 데려다주며 바로 옆 건물에 있는 병원을 한 번씩 쳐다보았다. 저기서 일하면 좋을 것 같았다. 어느 날, 그 병원에서 채용공고가 났고 난 지체 없이 입사원서를 냈다. 병원 원장은 나의 난독증 치료 경력을 우수하게 평가해 합격시켰다. 드디어 언어치료와 난독증 치료를 함께 하는 사람으로 다시 일하게 되었다.

이전의 치료사인 나에겐 아이가 없었다. 임신해서 아이가 뱃속에 있던 시기가 있었지만, 아이를 직접 키워보지 않은 상태에서 치료사 일을 했었다.

10년 넘게 치료 교육에 몸담았지만, 한 아이의 엄마가 되어 치료사 일을 하니 나에겐 또 다른 시야가 생겼다. 그것은 바로 치료실을 찾을 수밖에 없는 엄마들의 모습이었다.

축 처진 어깨, 화장기 없는 얼굴, 질끈 묶은 머리, 교복 같은 차림새…….

이러한 모습에 담긴 부모들의 심정이 나에게 고스란히 전해져 상담을 하다 내가 왈칵 눈물을 쏟은 적도 몇 번이나 되었다. 나는 아이가 없었을 때와는 완전히 다른 세상에서 그들을 바라보게 되었다.

예전에 나는 아이들의 빠른 프로그레스를 위해 엄마들에게 엄격하고 부담스러울 정도의 과제를 냈었다. 그리고 그 과제를 제대로 못 해 오는 부모들을 전혀 이해하지 못했다. 열심히 해도 따라갈까 말까인데 과제를 제대로 안 해 오면 고작 일주일에 한두 번의 수업으로 어떻게 하라는 건지 불평이 담긴 으름장을 놓기도 했다.

그런데 내가 아이를 낳아 길러 보고 게다가 별반 다르지 않은 아이를 키우고 있으니, 나는 육아와 교육을 다 감당해야 하는 부모들의 어려움이 속속들이 이해가 되었다. 심지어 내가 부모들에게 닦달한 것에 미안한 마음이 들 정도였다.

하나를 가르쳐 주면 열을 아는 아이는 가르치는 사람도 배우는 사람도 재미가 있다. 얼마나 재미있을까? 잠시 눈을 감고 상상해 본다. 한 번도 만나 본 적 없는 아이지만, 교수자로서 마음이 일렁인다.

그러나 학습에 어려움이 있는 아이들은 하나를 가르쳐 주기 위해 열 번을 알려 줘야 한다. 어쩌면 백 번이 되어야 할 수도 있다. 게다가 그 과정에서의 부모는 절망감을 표출하지 않아야 한다. 공감 능력이 뛰어난 아이들은 부모의 눈빛 끝에 서려 있는 매서움, 호흡에 묻어 있는 한숨까지도 전부 느낀다. 그러기에 우리 아이들에게 학습을 이끄는 사람은 그게 누구든 단전 끝까지 꽁꽁 동여매는 참을성이 있어야 하며 누구에게든 들리지 않는 한숨을 쉴 줄 알아야 한다.

과제라고 하는 것이 고작 수업 시간에 한 내용을 간단히 정리하는 차원의 분량이지만, 아이는 집에 가면 그 정도의 과제도 하지 않으려고 할 것이 뻔하다.
그래서 나는 부모들의 과제 수행의 수고로움을 덜어 줄 수 있는 방법을 고민했다. 먼저 아이들이 스스로 할 수 있는 것을 과제로 제시했다. 아직 한글을 모르는 아이들은 선 긋기나 미로찾기, 숨은그림찾기 등을 숙제로 제시했다. 그리고 수업 시간에 숙제할 요일과 시간을 미리 정하고 그 시간에 맞춰서 숙제를 할 수 있도록 독려했다. 엄마에게는 숙제하라는 언질만 주라고 했다.

과제량이 버겁게 느껴지는 경우에 아이가 직접 내게 이야기를 하게 해서 맞춰 나갔고, 모르는 문제는 표시해 오면 수업 시간에 내가 알려 주었다. 엄마의 개입을 최소한으로 하고 엄마는 아이를 치료실에 데려오기만 하면 되도록 구조화시켰다.

그런데 막상 내가 이런 제안을 하면 엄마들은 불안한 눈빛으로 이렇게 말했다.
"저희 아이는 혼자 공부를 해 본 적이 없어요. 못 할 텐데……."
그럼 나는 이렇게 말했다.
"아이는 할 수 있을 것이고, 제가 그렇게 만들 겁니다."

의구심 반 두려움 반으로 한 달, 두 달 시간이 지나면서 부모들은 여유를 찾고 얼굴이 점점 밝아져 갔다. 집에서 아이와 숙제 갖고 실랑이를 안 하니 살 것 같다고 한다. 그러면서 하나같이 내게 이렇게 말했다.

"혼자서 공부를 해요. 선생님, 처음 봤어요."

이러한 과제 수행 방법은 의외로 긍정적인 파장 효과가 크다. 아이를 생활 전반에 걸쳐 주도적이고 능동적인 사람으로 만든다. 학교나 학원 과제들도 알아서 하고, 전에 없던 질문도 한다. 나와 엄마의 노력은 줄어들고 있는데 아이의 발달은 상승하는 이상적인 양상을 보이게 된다.

그래, 나는 영락없이 치료사가 체질이었다. 내게 수업 받는 아이들은 빠르게 성장해 나갔고 나는 점점 예전의 명성을 되찾아 갔다. 그럼에도 치료사적 세포를 깨우려고 계속해서 노력했다. 나에겐 치료사로서 그간의 교수 방법을 총망라하게 될 수업이 놓여 있었기 때문이다.

다시 일을 시작하면서 나는 내가 이전에 사용했던 교재들이 오래되어 품절된 것이 많다는 것을 알았다. 또

한 난독증 치료에 있어 적절한 교재가 없는 현실에 답답함을 느꼈다. 나는 알레르기가 나지 않는 음식을 탐험하듯 나의 난독증 치료 방식에 적합한 한글 교육 교재를 탐험해 나갔다.

그렇게 1년 넘는 시간이 흐르자, 그 자료들을 바탕으로 독자적으로 치료실을 운영할 수 있겠다는 생각이 들었다.

그때까지만 해도 우리 아이가 나에게 얼마나 파란만장한 삶을 경험하게 해 줄지 가늠도 되지 않았다. 그러나 앞으로는 지금의 일터와 달리 좀 더 효율적이고 자율적으로 일할 수 있는 업무 환경이 필요할 것은 분명했다. 직장의 테두리를 벗어나 개인의 명망을 쌓아야 하는 일이었지만 용기를 내었다. 나는 우리 아이의 학부모 자리를 그렇게 준비해 나갔다.

새로운
시작

　우리 아이가 7세가 되면서 나는 아이가 난독증이라는 확신을 갖고 한글 학원을 알아보고 있었다. 일곱 살이 된 또래의 아이들은 글을 읽고 편지를 쓴다. 하지만 우리 아이만 여전히 글을 읽지도 못했다. 주변 사람들은 믿을 수 없다는 반응이었다. 그만큼 한글이나 학습을 제외한 다른 부분에서는 누구보다 야무진 아이였다.

　그러던 어느 날, 아이 스스로 친구들이 다니는 아파

트 공부방에 가서 한글 공부를 해야겠다고 했다. 본인도 걱정이 되었나 보다. 나는 아이를 냉큼 공부방에 보내며 제발 거기서 한글을 깨칠 수 있기를 바랐다.

이때 지인들은 내가 우리 아이를 직접 가르치지 않은 것에 대해 의문을 가졌다. 나는 학습이 느린 아이를 엄마가 가르쳤을 때 생기는 부정적인 결과를 잘 알고 있었다. 물론 엄마표 학습으로 성공한 아이들은 나에게 오지 않기 때문에 나 역시 성급한 일반화의 오류를 범하고 있을 수 있다. 그러나, 그동안 수업을 통해 만나 온 수많은 아이들은 엄마표 학습으로 인해 학습에 대한 무기력을 넘어서 거부감마저 갖고 있었다.

요즘 우리 아이들에겐 "누가 우리 손주에게……."라고 말하며 편들어 주는 할머니가 있는 것도, 나를 놀리는 친구를 "누가 내 동생을……." 하며 달려와 주는 형도 없다. 그야말로 핵가족을 이루며 살고 있다. 이러한 사회에서 아이에게 무조건 편을 들어줄 수 있는 사람은 '부모'밖에 없다.

그런데 공부 좀 알려 준다고 엄마는 아이를 매일 체

크하고, 지적하고, 혼까지 낸다. 그럼 아이는 누구에게 위로와 응원을 받으며 살아갈 수 있을까?

 한창 무한하고 무조건적인 사랑을 받아야 할 시기에 어디 하나 기댈 곳 없는 아득함은 아이에게 마음의 상처로 고스란히 남는다. 그리고 그것은 마음의 흉터로 자리 잡아 평생 함께할 수도 있다. 나는 우리 아이가 공부를 포기한 사람으로 사는 것보다 영원히 지워지지 않을 마음의 흉터가 생기게 되는 것이 더 두려웠다.
 그래서 내가 직접 우리 아이에게 한글을 가르치게 되는 엄마표 수업은 마지막 선택지로 미뤄 뒀다. 만약, 나처럼 한글을 가르치는 사람이 있다면 찾아가 아이를 부탁하고 싶을 정도였다. 그래서 빤히 보이는 빠른 길을 두고 나는 아이를 공부방으로 보냈다.

 우리 아이가 다닌 공부방은 한글을 통 글자로 학습하는 곳이었는데 단순한 글자에서 복잡한 글자의 순서로 가르치는 방식이었다. 받침 없는 글자가 끝나고 받침 있는 글자가 들어가자 우리 아이는 점점 공부방 가기를 꺼려 했다.

아이들을 가르치는 사람들끼리 하는 말이 있다.

"찬 바람이 불면, 아이들은 성장한다."

나도 그 찬 바람의 효과를 기대하며 아이를 공부방에 보내면서 겨울이 오기를 기다렸다. 기다리던 찬 바람이 불기 시작했지만, 결국 나는 공부방 선생님께 수학만 가르쳐 달라는 부탁을 하게 되었다. 그렇게 뭉그적거리며 더 세찬 바람을 기다려 보기로 했다.

아무리 꾸물거려도 시간은 멈추지 않는다. 우리 아이는 이제 7세 11월이 되었다. 4개월만 지나면 초등학교에 입학을 한다. 나에겐 더 이상 바람 타령을 하며 버텨 볼 시간이 없었다. 이 시기를 놓치면 아이는 초등학교에 입학 하자마자 자신의 학습 능력에 대해 좌절감을 느끼며 자존감을 바닥에 내버리거나 땅속에 파묻어 버릴 수도 있다. 아직 공부라는 것은 시작도 안 한 아이에게는 자그마치 12년의 학창 시절이 펼쳐져 있었다.

대학 생활 4년이 더해져 16년이 되길 바라는 마음으로 나는 우리 아이에게 난독증 치료를 시작할 수밖에 없었다.

난감한
수업

 그 무렵, 나는 우리 집 한편을 내어 난독증 아이들을 대상으로 치료 수업을 하고 있었다. 장소만 우리 집이었을 뿐 운영 방식과 환경은 일반 치료실과 다를 게 없었다.
 1 대 1로 40분 수업에 10분 상담을 하고, 여느 치료실처럼 수업하는 공간에 대기 공간까지 따로 마련해 두었다.

 이렇게 다른 아이들을 수업하는 공간에서 내가 낳은

우리 아이에게 수업하게 되는 이 장면이 얼마나 귀한 자료가 될지 나는 잘 알고 있었다. 그래서 두렵기까지 했지만, 또 다른 세상으로의 설렘은 나의 손끝의 움직임을 멈추게 하지 못했다. 결국 나는 노트북의 카메라 버튼을 눌렀다.

우리 아이의 수업은 프로그램뿐만 아니라 회차와 수업 시간, 과제까지도 내게 수업받는 아이들과 동일하게 진행했다. 수업은 매회 영상으로 찍어 블로그에 올렸는데 기대 이상으로 뜨거운 반응이었다. 멀리 지방에서도 우리 집으로 수업을 받으러 오는 진풍경이 펼쳐졌다. 그렇게 아이와의 수업이 잘 진행되어 가던 어느 날, 나는 아주 난감한 상황을 맞이했다.

받침 훈련을 하는 날이었다. 아이는 받침의 소리 조합을 어색해하면서 한 번에 하지 못했다. 이전의 훈련들은 모두 한 번에 해냈었다. 나는 아이에게 괜찮으니까 다시 해 보자고 했지만 아이는 이렇게 말했다.
"엄마가 가르치는 건 너무 어려워. 이건 정말 모르겠어."

이게 무슨 일인가 싶어 아이를 쳐다보니 얼굴은 이미 눈물범벅이 되어 있었다. 나는 노트북을 꺼 버리고 왜 우냐며 묻고 싶었다. 하지만 단전을 싸매며 참았다. 아이가 우는 이유를 내가 모를 리 없었고, '물어보잖아!'라는 말은 질문으로 포장한 채근이 될 것이 뻔했다. 그렇게 했다간 이 아이에게 한글을 깨쳐 줄 사람이 세상에서 사라질 수도 있었다. 나는 당황함을 꾹꾹 눌러 담은 채 수업을 진행했다. 아이는 글자가 훤히 꿰뚫어지지 않는 느낌을 두려워했다. 나는 딱 한 쪽만 완성해 보자고 하며 아이를 달래 가며 수업을 이어 나갔다.

 받침 훈련 한 쪽에는 받침을 조합하는 활동을 네 번 할 수 있게 구성되어 있다. 그런데 첫 번째 활동에서 우리 아이가 눈물을 터뜨렸던 것이다. 겨우겨우 달래 가며 시작한 두 번째 활동에서 대부분의 받침을 조합하여 읽어 나갔다. 나는 아이에게 나의 조급하고 불안한 마음을 들키지 않으려고 최선을 다해 참으며 말했다.
 "거봐, 할 수 있잖아, 세 번째도 해 보자. 한 페이지만 다 해 보면 이제 받침 글자도 읽을 수 있겠는걸!"

아이는 세 번째 활동에서 모든 받침 글자를 정확하게 읽어냈다. 이번에는 우리 아이가 눈물을 닦더니 실패한 첫 번째 활동을 다시 해 보겠단다. 다시 시도한 첫 번째 활동의 글자들을 이번에는 정확히 읽어 내었다. 그러더니 받침 있는 단어들을 줄줄 읽어 나갔다. 이날 우리 아이는 받침 있는 글자를 깨치게 되었고 극적인 변화가 고스란히 담긴 귀한 영상이 만들어졌다. 하지만, 나는 몸살로 며칠을 앓아누워 버렸다.

누구에게나 고비의 순간은 온다. 아이에게 그 고비를 넘게 해 주는 것이 조력자의 역할이다.

엄마가 조력자가 되는 엄마표 학습에서 가장 중요한 것은 프로그램이나 엄마의 교수 실력이 아니다. 바로 엄마의 마음이다. 정확히 말해 엄마의 평정심이다. 평정심을 끝까지 유지하며 아이에게 학습을 진행한다면 엄마표 학습도 성공할 수 있다. 하지만 그 성공을 위해서 엄마는 사리가 나올 지경의 인내심이 필요하게 될 것이다.

이 평정심을 유지 못 하는 엄마표 학습은 결국 학습

을 유지하지도 못한 채 자식의 마음만 잃게 할 수 있다. 그러므로 부모가 학습을 이끄는 데 있어 평정심을 유지할 자신이 없다면 엄마표 학습은 과감히 포기하기를 당부한다.

뜻밖의
선언

　11월부터 주 2회로 진행된 수업은 4개월이 지났고, 3월이 되어 우리 아이는 드디어 초등학생이 되었다. 다행히 큰 어려움 없이 학교생활을 시작해 나가고 있었다. 초등학교 입학이 뭐라고 나름 많은 것을 준비하고 숨죽이며 기다렸던 결과였다. 대견함, 기특함, 고마움으로 가득한 날들이 평화롭게 지나가고 있었다.

　평화는 잠시뿐, 입학한 지 한 달도 되지 않은 3월의

어느 날이었다. 우리 아이가 나와의 수업을 그만하겠다고 했다. 학교에 가 보니 자기는 한글을 다 알고 있어 더 이상 한글 공부는 안 해도 되겠다는 것이 우리 아이의 주장이었다. 나는 일방적이고 때 이른 수업 중단 선언에 말문이 막혔다. 그러나, 어차피 억지로는 3개월이 한계다. 나에게 3개월의 시간이 더 주어진대도 우리 아이에게 한글을 완벽히 떼 줄 자신은 없었다.

그리고 나도 지쳤었다. 내가 우리 아이를 가르치는 일은 여태까지 내가 해 본 수업 중 가장 힘든 수업이었다. 나도 휴식이 필요했다. 아이는 대강의 글을 읽고 간단한 문제 풀기가 가능하였고, 어설프기 짝이 없는 수준이었지만 자기 생각을 글로 표현하는 것이 가능하였다. 그래, 학교도 들어갔고 이만하면 수업을 따라가며 점점 늘겠지 싶어 마지못한 척 수업을 중단했다.

수업 상황 전체를 영상으로 찍어서 올리니 좀 더 집중해서 충실하게 수업을 이어 갈 수 있었다. 그런데 그러한 부분이 아이에게도 나에게도 부담으로 자리 잡고 있었다. 우선 나는 나와의 한글 수업을 일단 접고 지켜

보기로 했다. 그렇게 해서 초등학교 1학년 1학기를 정말 지켜만 봤다.

자식을 지켜만 본다는 것이 부모로서 얼마나 힘든 일인가는 아이를 키워 본 사람이라면 알고 있을 것이다. 나는 우리 아이에게 집중되는 마음을 분산시키기 위해 수업과 블로그 포스팅에 더욱 열의를 올렸다.

그 무렵에 초등학교 1학년의 남자아이가 3월부터 나와 수업을 진행하고 있었다. 우리 아이와 나이도 같고, 성별도 같고, 기질까지 비슷한 아이였다. 처음에는 7세 11월에 시작한 우리 아이가 당연히 더 잘하고 있었다. 하지만, 1학년 1학기가 지나자 그 아이는 우리 아이보다 월등히 잘하는 아이가 되었다.

이렇게 실력 좋은 치료사를 정작 내 자식은 거부하고 있는 상황이라 답답하기 짝이 없었지만, 섣불리 접근한다고 되는 일도 아니었기에 나는 기다리고 또 기다렸다.

- **빵점**
- **안과**
- **학군**
- **한파**

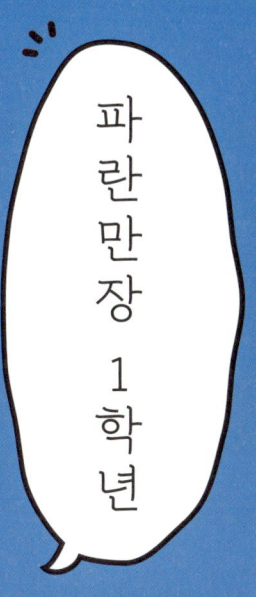
파란만장 1학년

빵점

 1학년 2학기가 되어 학교에서 학부모 상담을 한다는 안내문이 왔다. 나는 의례적인 행사로 여기고 가벼운 마음으로 학교로 향했다. 그런데 상담하러 간 자리에서 담임 선생님은 이렇게 말문을 열었다.
 "어머니, 다른 아이들 가르치느라 바쁘신가 봐요. 자녀에게도 신경을 좀 쓰셔야겠어요."
 하고 말하는 선생님의 손에는 인쇄물이 들려져 있었다. 그것은 받아쓰기 시험지였는데 한두 장도 아니고,

손안에 가득히 한 뭉치나 되었다. 슬쩍슬쩍 보이는 시험지에는 빗금만 내리그어져 있었다.

'저게 다 누구 거야?'

다음은 생각할 겨를도 없이 선생님은 나에게 그 시험지 뭉치를 내 손으로 건넸다. 요샛말로 '헐!'이었다. 그게 다 우리 아이 시험지였던 것이다.

선생님은 내가 어떤 일을 하는 사람인지 알고 있었다. 나는 아이들에게 한글을 가르치는 한글 선생님이다. 아이는 선생님들을 만날 때면 우리 엄마도 선생님이라며 자랑스럽게 떠들고 다녔다. 한글 선생님! 그런데 그 선생님의 자녀가 한 학기 내내 받아쓰기 시험에서 빵점을 받아 왔던 것이다. 더군다나 나는 그 사실을 그제서야 알게 되었다. 내 얼굴은 반사적으로 화끈거렸고 감출 새도 없이 달아올라 귀까지 뜨거워졌다.

나 역시 아이가 학교생활을 잘하고 있지 않다는 것을 짐작하고 있었지만, 저 지경일 줄은 몰랐다. 집에 와서 어떻게 된 일인지 들어보려고 아이를 내 앞에 불러 앉혔다. 그런데 내게는 빵점짜리 시험지 묶음보다 더 황당한 상황이 펼쳐졌다. 아이는 거리낌 없이 이런 말을 하였다.

"학교에서 받아쓰기한다고 하면 엄마랑 공부해야 하잖아. 나는 엄마랑 공부하는 게 빵점 맞는 것보다 더 싫어. 그래서 받아쓰기 시험 본다는 말을 안 했어."

아이는 당당하기 그지없었다. 그러면서 또 이렇게 덧붙였다.

"나는 빵점 맞아도 아무 상관이 없어. 공부는 안 할 거야."

아이는 기다렸다는 듯이 자신의 굳건하고 단호한 의지를 표현했다. 나는 아무 말도, 아무것도 할 수 없었다. 그저 엄마표 학습은 소통 차단과 학습 거부의 역효과가 생긴다는 것을 명확하게 확인하는 순간이었다.

결국 나는 또 아무것도 하지 못한 채 두어 달을 그냥 흘려보내고 있었다. 때마침 우리는 이사를 해야 했다. 남편과 이사 문제를 의논한 것을 들은 아이는 반장이 있는 학교로 갈 수 있냐고 물어봤다. 그런 학교로 가면 자기도 반장을 해 보고 싶단다. 우리 아이 입에서 나온 '반장', 이 한마디를 희망 삼아 우리 가족은 이사를 결심했다.

이전 학교는 혁신 학교였고 전학 간 학교는 일반 학교였다. 새로운 학교에서는 매달 과목별로 단원평가를 보고 받아쓰기도 알림장으로 미리 알려 주어 시험을 봤다. 물론 아이가 원하는 반장도 뽑았다.

이러한 학교가 오히려 난독증인 우리 아이에게는 학습에 대한 긴장감을 들게 해 더 좋을 것 같은 기대감이 생겼다.

학교가 재미있어야 하지만, 재미만 있어서는 안 된다고 생각한다.

어느 정도 면학 분위기를 형성시켜 주어야 학습에 대한 동기를 부여할 수 있다. 그것은 수업으로 여태 만나 온 아이들을 분석한 결과였다. 학교나 학급에서 요구되는 학습 수준에 따라 부모가 원하는 종결 수준은 달랐다.

스트레스 없는 공부, 그런 것이 세상에 존재하기는 하는가? 특히 공부를 세상에서 제일 싫어하는 아이들에게는 역설적인 표현일 뿐이다. 이러든지 저러든지 어차피 아이는 공부 스트레스를 받을 것이고, 그럼 던져

놔 볼 거면 큰물에 놔 줘 보자는 마음으로 학군지로 전학을 결심했다.

전학을 가서도 나의 기다림은 여전히 계속되었다. 그런데 이번에 불어온 찬 바람은 아이를 성장시킨 것인지 우리 아이는 시험의 압박을 스스로 느끼기 시작했다.

겨울 방학을 앞둔 어느 날, 우리 아이가 내게 시험지 두 장을 들고 왔다. 국어와 수학 학기말 평가 시험지였다. 아무리 훑어봐도 역시 동그라미는 없다. 아이는 1학년 국어, 수학 기말시험에서 빵점을 맞은 것이다. 심지어 수학 시험지는 문제를 푼 흔적조차 없는 백지 시험지였다. 아이는 엉엉 울면서 이렇게 말했다.

"엄마, 이제 엄마랑 열심히 공부할게. 나도 엄마랑 공부하는 형아들처럼 백 점 맞게 해 줘."

드디어 내가 원하던 순간이 왔다. 이 말을 듣기까지 1년의 시간이 흘렀지만, 내가 버린 것은 고작 시간뿐이었다.

몇 해의 찬 바람을 맞으며 우리 아이는 중학생이 되

었다. 그런데 지금도 나와 공부하는 것을 꺼리지 않는 청소년이 되었다. 게다가 학습에 있어 부족한 부분을 채워 갈 방법을 먼저 다가와 의논하고 그 의논은 학습에만 국한되지 않았다. 자신의 생활 전반을 나와 공유하며 고민까지 털어놓으니, 이른바 소통하는 중학생이 되었다. 그래서 나는 이 일화를 상담 시간에 종종 부모들에게 이야기한다.

"빵점도 괜찮습니다."

그리고 정말 중요한 것이 있다며 강조해 말하는 것이 있다.

"중요한 것은 아이가 괜찮지 않아야 한다는 것입니다."

하지만, 아이가 90점을 맞아도 괜찮지가 않은 것이 부모의 마음인 것은 부정할 수 없는 사실이다.

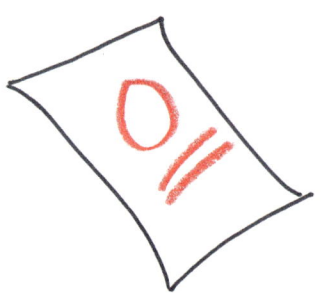

안과

　내가 이렇게 모질게 참아 낸 것엔 이유가 있었다. 사실은 우리 아이가 나를 길들인 것이라고 말할 수 있다. 우리 아이는 언제나 나에게 강력한 당위성을 부여해 준다.

　때는 우리 아이가 초등학교 입학을 하고 얼마 지나지 않았을 무렵이었다. 언젠가부터 글자가 안 보인다고 했다. 짚어서 물어보는 것은 그게 글자든 숫자든 크기에도 상관없이 다 안 보인다고 했다. 나는 고개를 갸우뚱거리며 동네 안과에 가 보았다. 안과 의사 선생님도 고개를 갸우뚱거리더니 큰 병원을 가 보라고 했다. '쿵' 심장이 내려앉았다. 부랴부랴 안과 전문 병원을 찾아갔다.

거기서 순번대로 만나게 되는 의사 선생님을 만났다. 아이에게 여러 가지 검사를 해 보더니 이번에는 메모지에 이름 석 자를 적어 줬다. 그러면서 꼭 이 교수님으로 예약을 해서 진료를 받아 보란다. '철렁' 이번에는 심장이 몇었다.

그 교수님의 예약은 한 달 후에 잡을 수 있었다. 혹여 아이가 스트레스를 받으면 상태가 더 안 좋아질까 봐 조마조마한 마음으로 하루하루를 보냈다. 그렇게 조심스러운 시간을 보내고 만나게 된 교수님은 백발에 나이 지긋한 의사 선생님이었다. 우리가 들어가자 모니터의 진료기록을 보다 안경 너머로 아이를 힐끔 쳐다봤다. 그리고 이리저리 검사하기 시작했다.

아이는 일관되게 글자든 모양이든 안 보인다고 했다. 교수님은 머리를 한 번 긁적이더니 시력판 가장 아래를 짚었다. 직선이 원 모양으로 돌려가며 그어진 모양이었는데, 아이에게 그 선들의 모양을 설명해 보라고 했다. 아이는 선들이 반듯하다고 대답했다.

교수님은 책상을 '탕' 치며 큰소리로 말씀하셨다.

"너는 난시가 있어 절대로 선들이 반듯하게 보이지 않을 텐데. 이놈, 너 엄마 속 썩이는 거짓말쟁이구나."

아이의 눈은 순간 동그랗게 되더니 이내 그렁그렁하다 울음을 터뜨렸다. 교수님은 몇 년에 한 번씩 이런 아이를 만난다며 나에게 너무 공부, 공부 하지 말라는 당부를 하셨다. 나는 조용히 아이를 데리고 집으로 왔다.

나도 설마설마하긴 했다. 놀이터에서 개미는 잘 잡고 놀면서 글자와 숫자만 안 보인다고 하니 이상했다. 그 무렵 한글을 뗀 아이가 기특해 지나가면서 보이는 글자들을 읽어 보라고 했다. 아이는 한글 실력이 미숙해서 어떤 것은 틀리기도 했다. 나는 크게 화를 내거나 한 것은 아니었지만, 알려 주려는 마음으로 고쳐 주긴 했었다. 되짚어 보니 그게 이 아이가 안 보인다는 거짓말을 시작하게 된 계기가 아니었을까 여겨졌다.

나는 병원에서 있었던 일에 대해 아무 말을 하지 않고 있었다. 정확하게 말하자면 말을 하지 않은 게 아니고, 말하지 못한 것이다. 어디서부터 어떻게 말을 꺼내 어떤 방향으로 이끌어야 할지 나는 시작점조차 찾지 못했다. 베테랑 의사 선생님의 머리도 긁적이게 만든 우리 아이의 정교한 거짓말 실력은 나를 소름이 끼치게 하기에 충분했다.

수업에서 나는 한글만 가르치는 선생님이 아니었다. 아이들의 생활 전반에 대한 양육 상담을 통해 적절한 대응책이나 해결책을 제시해 주어 부모들의 팬심을 이끌었다. 그런데 우리 아이의 이 사건은 나의 머리를 하얗게 만들어 버렸다.

대응 방법도 해결책도 좀처럼 떠오르지 않았다. 그렇다고 무턱대고 화를 내며 아이에게 '속상', '실망' 등의 단어들을 토해내거나, 〈피노키오〉나 〈양치기 소년〉을 들먹이며 어쭙잖은 이야기들을 늘어놓고 싶지 않았다.

우리 아이 네 살 때의 일이었다. 나는 어린이집을 처음 보내게 되는 부모라면 누구나 물어보는 질문을 했었다.

"오늘 어린이집에서 뭐 했어?"

이렇게 물어본 게 일주일쯤 지난 어느 날, 우리 아이는 나에게 이렇게 대답했다.

"아무것도 안 했어."

이 한마디로 엄마의 입을 영영 틀어막아 버린 아이였다.

이러한 우리 아이의 영특함은 때론 내게 섬뜩함으로 다가왔다. 여기서 한 끗만 잘못 접근하면 우리 아이의 미래가 어찌 될는지 나는 또 흔한 엄마들의 걱정에 싸여 있었다.

생각을 정리하며 방법을 모색하고 있는 내가 밝은 얼굴일 리 없었을 것이다. 아이는 한동안 내 눈치를 봤다. 나는 모른 척하며 침묵 속에서 시간을 보내고 있었다. 그러던 어느 날, 갑자기 아이가 내 허리를 감쌌다.

"엄마, 잘못했어. 미안해."

나는 말없이 아이를 안아 주었다.

때론 아무 말도 하지 않는 것이 좋은 훈육이 될 수 있다는 것을 일깨워 준 순간이었다.

이 일은 이렇게 일단락되었지만, 나는 우리 아이를

키우는 것에 점점 자신감을 잃어 갔다. 두 달 가까운 기간 동안 일관된 반응으로 도대체 몇 명의 어른을 속여 먹였는가! 고작 여덟 살짜리가 말이지…….

그날 이후 나는 아이에게 무언가를 먼저 물어보는 일이 두려웠다. 그게 글자든, 학교생활이든, 뭐가 되었든지 내가 먼저 물어보는 일은 없으리라 되새기고 또 되새기며 생활했다.

그리고 또 한 가지 굳은 결심을 했다. 그것은 학습을 철저히 자기 주도적으로 이끌게 해야겠다는 것이었다. 설사 우리 아이가 먼저 손 내미는 기회가 오지 않게 되더라도 그것은 어쩔 수 없는 것이라고 나 자신에게 주문을 걸며 지냈다.

이러한 역사를 안겨 준 아이에게 누가 빵점의 시험지를 갖고 감히 뭐라 할 수 있겠는가. 나는 그렇게 굳건한 척하며 기다림에 기다림을 더했다.

학군

 아이의 입에서 새어 나온 '반장', 이 한마디로 과감하게 학군지로 전학을 한 나는 우물 안 개구리였다. 아뿔싸! 우리나라의 학구열이 그렇게 높을 줄은 상상도 못했다.

 초등학교 1학년의 아이들이 서로 영어로 대화를 하고 급기야 담임 선생님은 교실에서 영어 사용 금지 조치를 내렸다. 그리고 며칠이 지나 아이는 나에게 질문을 했다.

"엄마, 다른 아이들은 수학에서 분수를 한다는데, 분수 놀이 하는 분수는 아닌 것 같고, 분수가 뭐야?"

우리 아이는 아직도 영어는 '파닉스(phonics)'에서 헤매고 있었고, 수학은 이제 '구구단'을 시작해 보려던 참이었다. 그런 아이가 리더십과 넘치는 기세만으로 학교생활을 하기에는 내가 '분수'도 모르는 사람이었다.

엄마들은 학원이 같거나 학업 수준이 비슷한 아이들끼리 삼삼오오 그룹을 짜 선생님을 초빙해 수업을 만들었고 나는 그 소식들을 반년이 흐른 뒤에야 들을 수 있었다. 1학년 때 놀이터에서 신나게 같이 놀던 아이들은 하나둘씩 보이지 않게 되었고 우리 아이만 점점 혼자 노는 시간이 많아졌다.

놀이터에서 빛을 발했던 아이는 점점 빛이 바래 갔다.

내게 수업을 받기 위해 전국에서 오는 바람에 지역마다 아이들의 학습 분위기가 다르다는 것을 알게 되었다. 자신이 살고 있는 동네의 학구열이 어느 만큼인지 궁금하다면 놀이터에서 노는 아이들의 연령으로 가늠해 보면 되겠다.

한파

 감각이 예민한 아이는 모든 것에 호불호가 강한 기질을 갖기 쉽다. 먹는 것, 입는 것, 보는 것, 하는 것 등등 대부분의 영역에서 자신의 취향이 깔려 있다. 사람의 취향이라고 하는 것이 서로 존중하고 존중받으며 살아가면 그뿐일 것 같지만, 그러한 취향의 대상이 사람이 될 때는 얘기가 달라진다.

 취향이 확실한 아이들은 사람에 대한 호불호도 확실

하게 표출하여 놀고 싶은 친구와 놀고 싶지 않은 친구가 명확하게 나뉜다. 학교라는 단체 생활에서 사람에 대한 취향은 적잖은 파란을 일으킨다. 거기에 아이가 사회성이 좋고, 주도적인 성향일수록 결과에 대한 책임이 커진다.

우리 아이가 1학년 겨울 방학을 앞둔 날이었다. 방학 전 갑작스러운 한파가 몰려와 모두 추위 걱정을 하며 아이들을 등교시켰다. 그날 오후에 아이는 날씨가 추워 친구를 집으로 데려와 놀고 싶다고 했다.
'전학 온 지 얼마 안 되어 벌써 친구도 사귀었네.'
나는 반가운 마음으로 허락했다.

둘은 오랫동안 단짝이었던 것처럼 한 번의 투닥거림도 없이 서너 시간을 잘 놀았다. 나는 옆에서 간식도 챙겨 주며 아이들이 노는 모습을 흐뭇하게 지켜봤다.
그런데 그 시간, 맹추위 속에서 우리 아이를 찾으러 다닌 사람이 있었다. 알고 보니 우리 아이가 숨바꼭질하는 척하면서 나머지 한 친구는 놀이터에 두고 자기가 놀고 싶은 친구만 우리 집에 데려와 놀았던 것이다.

저녁에 나는 한 통의 전화를 받았다. 놀이터에 남겨졌던 아이의 엄마였다. 우리 아이가 전학 오기 전에는 집에 데려온 그 친구랑 단짝이었는데 우리 아이가 전학 오고 나서 자기 아이가 외톨이가 되어 속상하다고 했다.

헌데 오늘은 놀이터에 혼자 있는 자기 아이를 보고 집에 가자고 하니 친구들과 숨바꼭질하고 있어 숨어 있는 친구들을 찾아야 한다며 가려고 하지 않았다고 했다. 그렇게 몇 시간을 아이와 놀이터에 숨은 아이들을 찾으며 돌아다니다 겨우겨우 달래 집으로 들어왔다고 말했다. 이 말을 하는 핸드폰 저편에서는 흐느끼는 숨소리가 함께 들려왔다.

우리 아이는 어릴 때부터 리더십이 남달라 전학을 결심했을 때 친구 걱정은 염두에 두지도 않았다. 그런데 이런 문제가 야기될 줄은 생각도 못 했다. 나는 일단 백배사죄를 하고 전화를 끊었다. 솔직히 내가 미안해할 일이 아니었지만, 깜찍한 일을 벌여 한 엄마와 아이가 힘든 시간을 보낸 것에 위로쯤으로 생각하며 "미안해요.", "죄송해요."를 연신 내뱉었다. 괜한 자존심으로 일을 키워 봐야 좋을 게 하나도 없는 게 자식 일이기에 나는 기꺼이 죄인이 되었다.

 전화를 끊고 나서 나의 머릿속은 안과를 다녀왔을 때처럼 다시 하얗게 되었다. 하지만 이번에는 정신을 차려 해법을 찾아내야 했다. 아이를 잘 이해시켜 다시는 이런 일이 일어나지 않게 해야 했다. 이번에는 처음이라 그냥 넘어가겠지만, 이러한 상황은 자칫하면 학교폭력과도 이어질 수 있는 무서운 세상이 되었다. 그 세상 속에 우리 아이는 공부 못하는 덩치 큰 아이로 살아가야 했다.

 다음 날에 나는 아이에게 좋아하는 것이 물건일 경우와 사람일 경우가 다르다는 것을 이해시키려고 했다. 물건은 선택되지 않은 물건이 속상할 게 없지만 사람은 선택되지 않을 때 속상한 감정이 생긴다고 말했다.
 그리고 직접적으로 속상하게 한 일이 아니더라도 결과적으로 다른 사람이 속상하게 되었으면 그 일은 옳지 못한 일이라고 말해 주었다. 아이는 조금 이해를 하는 눈치였다.

여전한 덩치로 중학교 3학년이 된 아이는 지금도 한 번씩 그때 이야기를 한다. 이때 일어난 이 일로 자기가 잘못을 하면 엄마가 사과를 해야 하는 것을 알게 되어 그 후로 무조건 참고 지내게 되었다고 했다. 그러면서 자기 같은 아들 없다고 고마워하란다.

참 고마운 일이 아닐 수 없다.

- 참 잘했어요
- 고마워
- 네 탓일까?

별 드는 날

참
잘했어요

 못하는 것만 빼면 다 잘하는 아이들이 있다. 우리 아이도 그중에 한 명이었다. 못하는 공부를 빼면 잘하는 것도 많은 아이였다.

 아이는 7세 때부터 그림책 학원에 다녔다. 그곳은 아이의 생각을 이야기로 구성해 그림을 그리게 한 다음 책으로 엮어 주는 학원이었다. 글자를 몰라도 말로 이야기를 하면 선생님이 받아 적어 책이 될 수 있게 했다.

그래서 그 당시 한글을 모르던 우리 아이도 잘 다닐 수 있었다. 얼마나 몰두해서 하던지 나는 늘 30분씩은 더 기다렸다가 아이를 데리고 나와야 했다.

  그 학원은 전국에 체인망이 있고 전 지점을 대상으로 우수한 작품을 선정해 해마다 세종문화회관에서 전시회를 열어 주었다. 그런데 우리 아이가 첫 작품으로 만든 그림책이 전시회에 당선이 되었다. 아이와 나는 두근거리는 마음을 안고 세종문화회관으로 향했다.

  입구에는 동심의 세계를 표현한 다양한 조형물이 있었고 많은 그림책들이 전시되어 있었다. 우리는 수많은 그림책 사이에서 우리 아이의 작품을 찾아야 했다. 당연히 어딘가에 걸려 있겠지만 심장은 괜히 콩닥거렸다. 그렇게 몇 분이 지나서 아이의 그림책을 겨우 찾을 수 있었다.
  어머나! 이번에는 내 핸드폰을 찾을 수 없었다. 할머니, 할아버지까지 함께 온 가족도 있었고 망원렌즈가 달린 카메라를 가져온 아빠를 비롯해 모두들 이 순간을 기념하기에 분주했다.

그런데 우리는 나와 아이 달랑 둘이 가서는 나는 핸드폰까지 안 가져간 것이다. 관계자에게 부탁해 사진 두 장을 겨우 찍을 수 있었다. 평생에 다시 없을 순간이 사진 두 장만 남게 된 게 못내 아쉽고 아이에게 미안한 마음에 나는 뭉클해졌다.

그래도 아이의 뇌리에는 깊게 박혀 있어 지금도 광화문을 지날 때면 세종문화회관을 가리키며 본인의 작품이 전시되었던 곳이라며 너스레를 떤다.

어둑어둑도 지난 깜깜한 여름밤이었다. 우리 아이의 배꼽시계는 정확하고 성능이 좋아 때가 되면 꼬박꼬박 집에 들어오게 만들었다. 그런데 그런 아이가 밤이 깊었는데도 집에 오지 않았다. 나는 아이를 찾으러 밖으로 나가 보았다. 놀이터에는 몇 명의 아이들이 있었는데 한 명은 미끄럼틀을 타고 있었고, 두어 명은 두발자전거를 타고 있었다. 그런데 우리 아이가 보이질 않았다. 나는 한참 동안을 놀이터 이곳저곳을 헤매고 다녔다.

"엄마."

우리 아이 목소리가 들렸다. 자전거를 타던 아이들 중

한 명이 내 앞에서 자전거를 멈췄다. 아이의 얼굴은 발그레했고 어느 때보다 똘망똘망한 눈빛으로 두발자전거를 타고 있었다. 그때까지 우리 아이는 두발자전거를 타 본 적이 없어 나는 그 무리는 쳐다보지도 않았었다.

7세의 아이는 자신의 운동신경을 그렇게 나에게 확인시켜 주었다. 그 후로도 나는 우리 아이를 찾으러 나가면 여러 가지 탈것들을 타고 있는 모습을 목격할 수 있었다. 인라인이며 힐리스, 보드까지 놀이터에서 만난 형들에게 빌려서 잘도 타고 놀았다.

초등학교 2학년 때 아이스하키를 하는 친구를 따라 처음 가 본 아이스링크장에서 스케이트도 대번에 탔다. 같이 간 친구의 엄마는 처음 타는 게 맞냐며 연신 나에게 확인을 했었다. 그러면서 스케이트를 타 본 적 없는 아이가 저렇게 타는 것은 처음 봤다며 놀라움을 금치 못했다.

글자를 깨친 우리 아이는 근처 태권도 학원 간판에 외발자전거가 써진 것을 보고는 배우고 싶어 했다. 나는 태권도를 그곳으로 옮겨 주고 외발자전거 수업도 함께 등록해 주었다. 외발자전거 수업을 등록하면서 나는 무슨 서커스단 단원을 키우고 있는 것 같은 착각이 들었다. 하지만 곧 그런 것으로나마 공부로 인한 스트레스를 풀고 자존감을 키웠으면 하는 안타까움과 섭섭한 마음이 밀려왔다.

 몇 달 후 우리 아이는 외발자전거 마라톤 대회에 참가했고, 9세였던 아이는 '최연소 완주자'라는 타이틀과 메달을 얻게 되었다. 그 메달은 집에서 가장 잘 보이는 곳에 걸어 두었는데 외발자전거 모양의 메달은 어떤 방문객이든 호기심을 자극해 이야기의 포문을 열게 했다.

빵점의 시험지로 시작한 공부는 그해의 겨울 방학을 충실하게 보낼 수 있는 계기가 되었다. 새 학년이 되어 방학 때의 공부량을 기본으로 일정량의 학습을 규칙적으로 하기로 했다. 나는 아이가 학교 공부를 효율적으로 할 수 있도록 계획해 주었다. 어느덧, 우리 아이는 말하지 않아도 스스로 공부하는 학생이 되었다. 습관은 많은 것을 변화시킨다. 어느 날에는 아이 입에서 공부가 재미있다는 말까지 흘러나왔다.

공부를 이렇게 성실하게 하고 있으니 다른 학교생활은 볼 것도 없었다. 2학년 2학기 말에는 학교에서 표창장까지 받아 왔다. 그 상은 2학기 때, 반 아이들의 투표로 선정되는 일종의 모범어린이상이었다. 어찌 보면 학기 초에 뽑게 되는 반장보다 더 영예롭게 느껴지는 것은 엄마의 욕심이겠다.

우리 아이는 목표를 설정하면 무라도 자르는 기질을 갖고 있었다. 이상과 현실의 괴리감이 큰 공부만 가지고 아이를 옥죄고 닦달하기에는 가진 게 많은 아이였다. 그러나 이러한 아이의 장점은 정신을 가다듬고 부모의 계급장을 떼야만 비로소 보이는 것이었다.

나는 맞춤법을 기본으로 한 나와의 한글 수업을 마무리하고 우리 아이를 친구들이 다니는 논술 학원에 보냈다. 매주 한 권의 책을 선정해 친구들과 토론하고 글로 쓰는 수업이었는데 같은 학년의 남자아이 넷으로 구성된 반을 다녔다.

나는 논술 선생님에게 아이가 한글 습득에 어려움이 있었다는 것을 미리 말하지 않았다. 선생님이 우리 아이를 가르칠 때 다른 아이들과 차이점을 느끼는지가 나에게는 중요했기 때문이다. 편견이 없는 상태라야 더 정확하게 파악될 수 있다고 생각해 말하지 않았다.

논술 학원에 다닌 지 3개월이 지나 상담을 하러 갔다. 선생님은 우리 아이가 표현력이 풍부하고 논리적으로 자신의 주장을 잘 펼친다며 아주 우수한 학생이라고 했다. 2학년 중반이 되어서야 마음 졸이며 보낸 논술 학원을 나는 마음 편히 보내게 되었다.

동 학년의 논술 수업에서 특이사항이 발견되지 않았

다는 것은 난독증 아이들에게 무엇보다 큰 의미를 갖는다. 그것은 이제는 사회적으로 난독증이 아니라는 것을 의미하기 때문이다. 실제로 이 정도 수준의 아이들은 진단 평가에서도 정상 범주에 속해 정상이거나, 극복된 난독증이라는 판정을 받는다.

한글에 대한 걱정이 온 세상을 뒤덮고 있다가 점점 그 장막이 벗겨지고 있는 듯했다.

칭찬은 영어 학원에서도 이어졌다. 본문에 대해 PPT를 만들어 통째로 외우게 한 후 학생들 앞에서 발표를 하는 형식의 영어 학원이었다. 7세 때 영어 유치원으로 시작한 영어 공부는 3학년이 되어서야 일반 영어 학원에 갈 수 있는 실력이 되었다. 드디어 파닉스(phonics)를 뗀 것이다.

담당 선생님은 아이가 씩씩하게 발표를 잘한다며 외우는 것도 제법 잘한다고 했다. 하지만, 그 반에서 우리 아이의 나이가 제일 많은 것은 못내 아쉬운 부분이었다.

또한, 삭막한 학부모의 세계에서 나는 아무도 모르게 차 대접을 받곤 했다. 연약한 아이를 놀림이나 난처한 상황에서 구해 준 것에 대한 고마움의 표시였다. 몸집이 크고 말솜씨가 좋았던 아이는 자기가 구해 주고 싶은 사람은 구해 줄 수 있는 사람이 되었다. 이런 미담이 널리 널리 퍼져 나갔어야 하는데 나는 낯부끄러워 누구에게 말도 않고 지냈고 다른 엄마들도 조용히 대접만 해 주었다.

볕이 들어 봐야 쥐구멍이지만, 그만큼의 볕에도 따스함은 느껴졌다.

고마워

 3학년이 되어 몇 달이 지나 우리 아이는 처음으로 학교에 가기 싫다는 말을 했다. 빗금이 쫙쫙 그어진 시험지를 들고 왔을 때도 학교 가기 싫다는 말은 하지 않던 아이였다.

 3학년 때 아이의 성실한 학교생활의 가장 큰 목적인 반장이 학교에서 없어져 버렸다. 한동안 반장 선거가 과열되고 변질되어 가는 것에 학부모들은 불만을 토로 했었다. 그러더니 반장 제도와 함께 학교에서 상을 주는 제도 전체가 없어져 버렸다. 그래서 우리 아이는 그 학교에서 표창장을 받은 마지막 세대가 되었다.

아이는 전학 간 학교에 대한 적응도 끝났고 표창장도 받았으니, 3학년 때는 기필코 반장을 해 보겠다고 벼르고 있었다. 아이의 상실감은 바로 학습으로 연결되었다. 이제 반장도 없어졌으니 공부를 하지 않겠다고 도무지 이해할 수 없는 선언을 하더니 꼬박꼬박하던 학과 예습을 하지 않기 시작했다.

2학년 때, 아이가 성실한 하루하루를 차곡차곡 쌓아도 맞을 수 있는 최고 점수는 70점이었다. 빵점에서 70점은 큰 발전이라며 언제나 칭찬을 아끼지 않았지만 이번 시험에서도 백 점이 몇 명이나 된다며 우리 아이는 부러움 섞인 푸념을 했다.

그렇게 아이가 반장이 없어졌다는 핑계로 공부에 손을 놓자마자 점수는 20점, 30점으로 곤두박질쳤다. 그래도 나는 아이에게 공부하라는 말을 하지 않았다. 그저 다시 때가 오겠지 하는 막연한 희망을 갖고 기다렸다. 어쨌거나 기다리는 것밖에는 답이 없다는 것을 나는 이 아이를 키우며 알게 되었고, 언제나 정답은 기다리는 것뿐이었다. 몇 번의 시험을 치른 아이는 아무래도 다시 빵점을 맞을 것 같다며 공부를 하기 시작했다.

빵점은 맞는 것도 유지하는 것도 쉽지 않다는 것을 나는 우리 아이를 통해 알게 되었다.

그렇게 학교생활을 꾸역꾸역 해 나가던 중에 한 사건이 발생했다. 쉬는 시간에 아이들끼리 한 아이와 실랑이가 있었단다. 그런데 그 아이의 엄마가 우리 아이 얼굴을 보려고 점심시간에 학교에 찾아간 것이다.

점심을 먹고 잠깐의 자유시간에 그 엄마는 교실 앞 복도로 우리 아이를 불러내 추궁을 했단다. 그런데 우리 아이는 자기 잘못이 아니라며 구체적인 설명을 했고, 주위에 있던 다른 아이들도 우리 아이 말에 맞장구를 쳐주는 바람에 그 엄마는 자기 아이에게 이렇게 말하고는 돌아갔단다.

"네가 엄마한테 똑바로 얘기했어야지."

나는 이 일을 우리 아이를 통해서 듣게 되었다. 이야기를 들으며 그 상황에서 겁먹거나 주눅 들지 않고 본인의 결백을 주장한 우리 아이가 대단하다는 생각이 들었다.

'공부 좀 못하면 어떠랴. 벌써부터 자신의 부당함을 또렷이 전달하는 아이인데.'

나는 아이가 내게 혼날까 봐 전전긍긍하며 지내지 않고 곧바로 이야기해 준 것이 고마웠고 아이와의 긍정적인 관계를 가장 중요하게 생각하며 키워 온 나 자신을 보듬었다. 그리고, 나는 우리 아이를 찾아간 그 엄마에게 그 어떤 행동도 취하지 않았다. 주변 엄마들은 학교까지 아이를 찾아간 것은 그 엄마가 너무 과한 거라며 사과를 받아야 한다고 나를 부추겼다.

하지만 그 사람의 사과의 말 한마디가 나와 아이의 인생에 있어 큰 영향력을 가질 것도 아니고, 그 엄마 입장에서는 오죽하면 학교까지 갔겠냐는 생각이 들었다. 결과적으로 우리 아이의 잘못이 아니고 상대 엄마의 과한 행동이란 것이 알려진 것만 해도 나는 다행이라고 생각했다.

우리 아이는 누구보다 당혹스러운 일들을 많이 벌이며 커 왔지만 나는 결과만 갖고 아이부터 혼낸 적은 없었다. 게다가 나는 아이의 말을 끝까지 믿어 주는 엄마였다. 설령 거짓말이 들통나 버렸어도 나는 아이가 먼저 고백할 때까지 기다렸다. 당시에는 내가 어찌할 바를 몰라 머뭇거리다 그렇게 된 것이었지만 어찌 되었건 우리 아이에게는 인내의 미학을 보여 준 엄마가 되었다.

믿음을 바탕으로 한 기다림은 소통하는 관계의 밑거름이 된다.

네
탓일까?

 나는 우리 아이의 학교생활의 어려움이 학습에만 그치지 않고 대인관계에까지 미치고 있다는 것을 이미 알고 있었다.
 그즈음에 한 달이 멀다 하고 나는 학부모와 담임 선생님의 전화를 번갈아 받고 있었다. 비밀스러운 영웅이었던 아이는 점점 공공연한 악당이 되어 갔다.

 학부모의 전화를 받으면 나는 전화기에 대고 머리부

터 조아렸다. 또, 조아리는 문장들을 문자로 쏟아 내고 담아 놓기에 바빴다. 학부모들의 주장은 하나같이 자기 아이가 우리 아이에게 당했다는 주장이었다. 우리 아이가 하지 말라고 하는 것을 계속 한다거나 몸싸움이나 말싸움이 일어나 상대 아이의 몸과 마음에 치명적 손상을 입혔다는 것이다.

 우리 아이에게 상황을 확인해 보면 상대 아이가 먼저 놀렸거나 영어로 말하는 것이 발단이 되었다. 그때 우리 아이는 누가 봐도 과체중의 아이였다. 아이들은 우리 아이의 외모에 대한 혐오감을 슬쩍슬쩍 표현했고 우리 아이는 받은 상처를 되갚아 준 것이었지만, 항상 우리 아이가 잘못한 것으로 끝나는 것은 덩치 큰 아이들의 일반적인 결말이다.

 또 다른 하나는 외국 생활을 하다 이제 막 한국에 들어온 아이들과의 문제였다. 그 아이들은 영어로 말하는 것이 편해 불쑥 영어가 튀어나왔을 것이다. 그러면 우리 아이는 학교에서 영어를 쓰면 안 된다고 알려 주었고 강도가 지나쳐 사단이 일어났다. 공부는 못하고 덩치만 큰 우리 아이는 늘 가해를 하는 쪽이 되었지만, 나는 그들의 주장에 잘잘못을 따지지 않았다.

무조건 사과하고 사죄하는 말들로 대수롭지 않은 일들을 대수롭지 않은 일들로 지나가게 만들었다. 그리고 조아리며 상처 난 나의 마음은 한구석에 고이 묻어 두고, 돌아서서는 온전히 아이의 편이 되어 주었다.
"네가 덩치가 크니 힘이 세서 그런 거지. 네가 잘못한 것은 없네. 생각보다 너는 힘이 세니까 힘 조절을 잘해야 해. 친구가 다치게 되면 네가 다 잘못한 게 되잖아."

담임 선생님의 통화의 내용은 이랬다. 우리 아이가 수업 시간에 딴짓을 해 확인해 보면 모르고 있는 게 많아 방과 후에 공부를 봐 주려고 따로 남으라고 했는데, 자꾸 도망가 버린다는 것이다.

우리 아이의 얘기를 들어 보면 아이는 영어 학원 가기 전 30분의 짬 시간을 놓칠 수 없었단다. 그때 친구들과 축구를 하는 게 자기가 사는 낙인데 담임 선생님과 방과 후 공부를 하면 학원도 늦고 축구도 못 하게 돼서 도망갈 수밖에 없었단다.

그럼 수업 시간에 집중을 좀 하랬더니 집중이 안 된단다. 선생님 목소리를 들으면 귀가 아프면서 아무 생각이 안 난단다.

선생님은 체구가 작은 남자 선생님이셨는데 내가 상담을 갔을 때 내가 느끼기에도 목소리가 좀 독특하다는 생각을 했었다.
'그래, 목소리, 소리…….'

우리 아이는 신생아 때부터 소리에 유난히 예민했던 아이였다. 그동안 목소리를 핑계로 얼마나 많은 선생님과 학원을 바꿔 줬는지 모른다. 아이의 목소리에 대한 불만을 들을 때면 나는 겉으로는 이해하는 척하며 속내는 따로 있었다.
'핑계 대지 마, 그럼 선생님을 바꿔 주면 되지. 공부는 그만 못 돼.'
그런데 이때에도 수업에 집중하지 못하는 이유를 선생님의 목소리 때문이라고 할 때는 머리에 벼락을 맞은 느낌이었다.
'정말일 수도 있겠구나.'

돌이켜 보니 내가 수업하는 아이들도 내게 목소리 얘기를 많이 했다.

"선생님 목소리가 너무 커요.", "목소리가 좋아요.", "쉰 목소리네요." 등등이다.

그럴 때면 나는 최대한 아이들이 듣기 편한 목소리를 내기 위해 노력했다.

그렇지만 학교 담임 선생님은 목소리도 선생님도 내가 바꿔 줄 수 없다. 나는 우리 아이에게 듣기 힘든 목소리를 참고 견디는 것은 대단한 일이라고 응원하며 3학년이 빨리 지나가기를 바랐다.

인생이란 모름지기 어려움을 겪고 나면 좋은 날이 찾아온다. 4학년이 되어 개학한 첫날에 아이는 집으로 달려와 내게 들뜬 목소리로 말했다.

"엄마, 선생님이 너무 좋아. 목소리가 딱 내 스타일이야."

1년 내내 듣기 거북한 목소리를 들으며 지내야 했던 아이는 스트레스가 심했다.

아이는 그 스트레스를 그림으로 풀고 있었다. 개미만

한 크기의 졸라맨 모양으로 군인과 군 장비들을 종합장 뒷면에 새까맣게 그렸다. 자세히 보면 군인들 손에는 칼이나 총 등의 무기가 들려져 있었고 서로 대치되어 싸우는 형국이었다.

아이의 가방 속에서 내가 이 그림을 발견하자, 아이는 내가 학교에서 낙서나 한다고 할까 봐 변명하기 급급했다. 나는 미어지는 마음을 들키지 않으려 아이를 끌어안아 버렸다.

"엄마, 왜 울어?"

"응, 그림을 너무 잘 그려서……."

4학년 때 선생님은 낭랑한 목소리로 장학사들 앞에서 시범 수업을 보이는 분이었다. 그 선생님은 극소수만이 알고 있었던 우리 아이의 정의로움과 정직함을 대번에 알아봤다. 반에서 아이들끼리 실랑이가 벌어질 때면 우리 아이의 진술로 상황을 정리했다. 아이는 선생님이 자기 말은 다 믿어 준다며 흥분되어 있었다. 아이가 흥분된 만큼 내 눈에는 아이의 지난날이 스쳐 지나갔다.

한껏 기죽어 간 학교 상담에서 나는 담임 선생님 입에서 '정직'과 '정확', '정의로움' 등의 단어들을 들을 수 있었다. 그리고 당장의 공부가 전부가 아니라며 아이를 너무 훌륭히 잘 키웠다고 했다.

선생님의 이 말에 차곡차곡 묻어 두었던 그동안의 마음들이 다 씻겨 버렸다. 선생님의 이런 마음을 우리 아이도 느꼈는지 여느 때보다 착실하게 학교생활을 해 나갔다. 우리끼리 자랑이지만 이 시기에 우리 아이는 수학 단원평가에서 백 점도 받았었다.

핑계라고 생각되는 것이 때론 본질일 수가 있다.

- **걱정**
- **영어**
- **수학**
- **음악**
- **역사**
- **성**

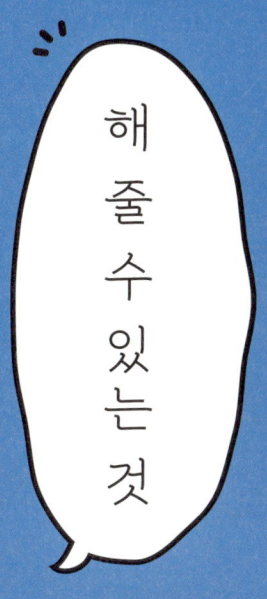

걱정

 아이가 난독증이 의심되는 순간부터 난독증 치료사인 내가 가장 염려한 부분은 한글도 공부도 아니었다. 그것은 바로 사회성이었다. 한글은 어찌 되었건 내가 깨쳐 주면 되는 것이고 공부는 나의 노력으로 아이가 노력하게 할 자신이 있었다. 그런데 사회성은 내가 해 줄 수 있는 것이 없는 부분이다.

 우리 아이는 엘리베이터에서 처음 보는 어른을 만나

면 인사를 하는 아이였다. 학교에서는 연약한 친구를 다른 아이들이 놀리면 약한 친구를 도와주기도 했다. 또 뻔한 자전거 타기도 우리 아이가 나서면 어느새 공원 전체를 자전거 경주장으로 만들어 버렸다. 나는 이러한 아이를 키우고 있었기에 더욱 걱정이 되었다.

아이들이 공부만 갖고 서열을 매기지는 않지만 어느 정도 공부를 해야 그 서열에 속할 수가 있다. 이는 아이가 존재감 있는 학창 시절을 보내고 있다는 증거이다.

예전에는 그림 잘 그리는 아이, 축구 잘하는 아이, 노래 잘 부르는 아이가 있었다. 하지만 요즘에는 다 잘하는 아이와 다 못하는 아이로만 나뉜다. 공부에서 완전히 열외되지 않아야 몇 번째로 잘하는 아이에 꼽히게 될 수 있고, 서열을 꼽고 있는 아이가 될 수도 있게 된다. 친구들과 어울리는 학창 시절을 보낸 경험은 이후의 삶을 더불어 사는 삶으로 이끄는 원동력이 된다.

여태껏 나의 이야기를 보면 내가 아이를 빵점 맞아도 내버려두면서 공부는 아예 시키지 않고 키운 것으로 생각될 수 있다. 나는 아이와 지지고 볶으며 억지로 시켜야만 하는 공부를 하지 않은 것이지 학과 공부의 기초가 될 수 있는 활동들은 어릴 때부터 꾸준히 해 왔다. 이번에는 그 이야기를 해 보려고 한다.

영어

우리 아이는 학습은 전혀 하려고 하지 않는 6세 시절을 보냈다. 아이는 아직 학습에 대한 동기부여가 되지 않은 상태라 한글이면 한글, 수면 수, 공부 같아 보이는 것은 아무것도 하지 않으려 했다. 유치원은 그저 밥만 먹고 놀다 오는 곳으로 생각했다. 6세를 그렇게 보내고 나는 뜻밖의 결정을 내렸다.

7세가 되는 아이를 영어 유치원에 보낸 것이다. 유치

원 선택의 갈림길에서 나 자신에게 주어진 물음에는 해답이 없었다.

'한글은 내가 깨쳐 줄 수 있다. 그런데, 그다음 영어는 어쩌지?'

난독증 치료사인 내가 난독증 아이를 키우는 데 있어 학습의 문제는 한글 학습 다음에 있었다. 나는 우리 아이에게 영어까지 학습시킬 자신이 없었다.

그런데 이제 막 영어로 말하는 것에 재미를 붙인 아이에게 영어를 꾸준히 노출시킨다면 고학년이 되어 포기하게 되는 과목 하나를 줄이게 할 수 있을 것 같았다.

또한, '영어'라는 아이템은 외면해 버리기에는 너무나 매력적인 능력이다. 그래서 한글도 모르고 알파벳도 모르는 아이를 귀라도 트이라며 영어 유치원에 보내기로 했다.

우리 아이는 상담 가서 마주친 원어민 선생님에게 반해 영어 유치원을 간다고 했다. 그리고 영어 유치원에 입학하자마자 이달의 우수 어린이상까지 받아 왔다. 하지만 그게 끝이었다. 아니 시작이었다. 영어와의 지루

한 싸움이 시작된 것이다.

그 후 매일 해야 하는 영어 단어 외우기를 힘들어하였다. 단어 시험에서는 맞은 개수를 세는 것이 매번 더 빨랐다. 하지만 그런 아이가 원어민과 대화는 가장 잘하는 아이였다. 7세의 1년을 그렇게 보냈다.

이듬해 초등학교에 입학하게 되면서 영어 유치원의 다른 원생들은 모두 초등학생 과정으로 올라갔다. 하지만 우리 아이는 초등반을 다닐 수 없었다.
아이들과 똑같이 1년의 시간을 영어 유치원에서 보냈지만 알파벳의 소릿값을 알아 글자를 읽어 내는 능력인 파닉스(phonics)가 되지 않았다.

문장을 읽지 못하면 초등 과정의 영어 수업을 들을 수 없다. 불러 주면 백 점을 맞고 스스로 읽어서 풀라 하면 빵점을 받는 전형적인 난독의 증세가 영어에서도 여지없이 나타났다.
학교에 들어가 영어 수업 그룹을 짜거나 영어 학원 이야기를 할 때마다 나는 파닉스 얘기를 입에 달고 살았다.

"우리 아이는 파닉스가 안 돼서……."

영어 유치원을 보냈지만, 정작 영어 유치원 출신 아이들과는 아무것도 할 수 없었다.

나는 아이에게 파닉스를 깨치게 하기 위해 내가 해 줄 수 있는 것은 반복밖에 없다고 생각했다. 나는 반복의 지루함을 덜어 주기 위해 교재, 선생님, 학원 등을 수시로 바꿔 주었다.

7세부터 10세까지 4년 동안 한 번도 쉬지 않고 파닉스를 반복시켰다. 총 대여섯 번이 되었던 것 같다. A부터 Z까지 전체를 돌린 것이 세 번이었고 어려운 부분인 이중자음과 이중모음 부분은 두세 번 더 반복했다.

끝날 것 같지 않던 파닉스에도 끝은 있었다. 아이가 3학년인 어느 날 거실에 놓여진 의류 쇼핑백에 쓰여진 브랜드를 정확하게 읽어 냈다. 얼마나 기뻤던지. 영어도 반복하면 할 수 있다는 것을 확인한 순간이었다.

그리고, 그 희망은 수업받는 부모들에게 지금까지도 일깨워 주는 부분이다. 게다가 증명해 주는 아이들도 여러 명 봐 오고 있다.

  우리 아이는 7세 때 영어 유치원을 시작으로 초등학교 1, 2학년은 방문 학습지와 영어 도서관에서 시간을 보냈다. 3, 4학년 때는 영어 학원도 다녔다. 한 학년이 무섭다고 3학년 내내 잘 다니던 영어 학원을 4학년이 되자 가는 것을 부쩍 힘들어했다. 그날도 다른 날과 마찬가지로 학원 가기를 싫어하며 투덜거리며 한 말 한마디는 결국 영어 학원을 중단시키기에 충분했다.
"엄마, 선생님이 나한테만 큰 소리로 말을 한단 말이야."

  영어 학원을 관두게 하고 나는 여기저기 과외 선생님을 알아봤다. 운 좋게도 아이를 잘 성장시켜 주는 선생님을 만나 지금까지 연을 유지하고 있다. 7세부터 이어진 꾸준함은 중학생이 된 아이에게 영어를 공부하기 편한 과목으로 여기게 만들었다.

  지긋지긋함을 넘어선 꾸준함은 불가능도 가능하게 만든다.

수학

 그동안 나는 많은 난독증 아이들을 만나 오면서 초기 수준에서 공부 전반의 예후를 판단할 수 있는 기준이 생겼다. 그것은 연산의 어려움이라 일컫는 '난산'의 정도이다.

 수업할 때 우리 아이와 비교되어 가장 부러운 아이들이 난산의 어려움은 없는 난독증 아이들이다. 이 아이들은 정말 한글만 제대로 학습시켜 주면 날개를 달고 하늘로 올라간다. 하지만 우리 아이 역시 대부분의 난독증 아이들이 겪는 문제인 난산도 있는 아이였다.

난산의 증상은 유아기 수읽기에서 시작하거나, 예비 초등 시절 간단한 연산에서부터 관찰되기 시작한다. 그러나 그냥 간과하며 키우기 쉬운 부분이다. 나는 앞서 얘기했듯이 숫자 12와 21을 헷갈려 하는 데서 우리 아이의 난산의 증세를 짐작했었다.

7세 때, 공부방에서 하는 수학이 힘들다며 매일 투덜거리는 아이에게 교재를 한번 가져와 보라고 했다. 교재를 살펴보니 더해서 10이 넘어가는 수였다.

그 무렵 우리 아이는 수학 문제를 푸는데 양말부터 벗는 기이한 행동을 보였다. 또 공부방에 갈 때면 꼭 맨발로 갔었는데 나는 아이가 공부를 하니까 열이 나서 답답해서 그런 줄 알았다. 그런데 사실은 10이 넘어가는 셈을 하기 위해 발가락을 사용하려고 그랬던 것이다.

남들은 귀엽다지만 나는 지금부터 저렇게 하는데 앞으로 수학은 어떻게 해 나가려나 걱정이었다.

그러다 문득 생각이 든 것이 주산이었다. 주산으로 우리 아이에게 연산 교육을 하면 좋지 않을까? 주산은 난독증 아이들에게 수 개념을 이해시키기 쉬운 실물 교육을 바탕으로 한다. 게다가 곱하기와 나누기까지 주산의 원리만 알면 암산으로도 척척 할 수 있다. 그렇게 우리 아이에게 시킨 주산 교육은 나의 막연한 짐작에서 시작됐다.

주판을 처음 본 아이는 그걸로 더하기 빼기를 한다는 것을 신기해했다. 흥미를 이끄는 데는 성공했다. 하지만, 그때부터 나는 4년 동안 선생님을 일곱 번 바꿔 주며 주산 수업을 겨우겨우 이어 나가야 했다. 아이가 선생님에 대한 불만을 얘기하면 언제든 선생님을 바꿔 주며 나의 각오를 다졌다.

주산 선생님을 그렇게 많이 바꿔 주게 된 이유는 대부분 목소리에 대한 것이었다. 그런데 목소리 외에 기억에 남는 핑계가 있었다. 그것은 바로 냄새였다.

건너편 아파트에서 주산을 가르치는 곳을 겨우 찾아

냈다. 나는 내가 집에서 아이들을 가르치는 터라 누군가 우리 집을 방문한다는 것이 부담스러웠다. 그런데 주산은 기관을 찾기 쉽지 않아 처음부터 방문 수업으로 진행했었다. 그런데 우연히 검색해 본 지역 카페에 우리 집 건너편 아파트에서 주산을 가르치는 곳을 찾아냈다. 반가운 마음에 얼른 등록을 하고 아이를 보냈다.

헌데 아이는 주산 학원을 다녀오면 얼굴이 사색이 되어서 돌아왔다. 그러면서 간 지 얼마 되지도 않아 가기 싫다고 했다. 나는 방문 선생님보다는 아무래도 아이를 꽉 잡고 가르치시는구나 생각하고는 열심히 보냈다. 두 달 정도가 지나 아이는 정말 다니기 싫다면서 주산을 다시 집에서 하고 싶다고 했다. 왜 그러냐고 이유를 묻자 아이는 대답했다.
"그 집 냄새가 너무 싫어."

우리 아이는 생선을 별로 좋아하지 않는데 주산 선생님은 집에서 생선을 자주 구워 먹으셨던 것 같다. 아직도 우리 아이가 그 학원을 그만둔 이유가 생선 냄새라는 것을 그분은 꿈에도 생각하지 못하실 것이다. 그리고 나는 다시 폭풍 검색으로 주산 선생님을 집으로 초빙했다.

'너의 핑계 따위에 엄마는 넘어가지 않는다. 네가 뭐라 하든 나는 네게 주산을 시킬 것이다.'

수학의 기초인 연산이 안 되면 아이는 초등학교 1학년 때부터 수포자가 된다. 이 당시 아이에게 주판을 내려놓게 한다는 것은 연산을 포기한다는 뜻이었다. 12년의 학교생활 동안 그 긴 수학 시간 내내 멍만 때릴 아이를 생각하니 나는 지푸라기라도 잡고 싶은 심정으로 우리 아이에게 주판을 잡게 했다.

우리 아이는 이렇게 어렵게 주산을 하고 있었지만 연산을 걱정하던 주변 사람들에게 추천한 주산은 큰 호응을 얻었다. 지인의 아이들은 모두 주산으로 곱하기와 나누기까지 암산으로 척척 해내는 단계까지 마쳤다. 주산을 시작한 지 4년 만에 우리 아이만 중단할 수밖에 없었다. '두 자릿수 곱하기 두 자릿수'를 하면서 앞에서부터 놓는 주산의 수 놓임 방향과 뒤부터 하게 되는 세로셈의 풀이 방향 때문이었다.

대부분 주산은 10진법이 정립되기 전인 7세에 시작하게 된다. 다른 아이들은 학교의 두 자릿수 곱하기가 들어가기 전에 주산으로 곱하기가 숙달이 되어 방향 전환을 크게 어려워하지 않는다. 하지만, 우리 아이의 경우 진도가 더디게 나가다 보니 학교의 곱하기와 맞닥뜨리게 되어 방향이 헷갈려 버리게 되었다.

내가 봐도 풀이 방향이 반대로 진행되는 것을 주산과 학교 상황으로 그때그때 나누어 적용하는 것을 우리 아이가 해내기에는 불가능해 보였다.

그래서 지금은 난산의 해법으로 주산을 추천하지 않는다. 주산을 잘 가르쳐 줄 사람이나 기관을 찾기가 어렵고 어차피 난독증 아이들은 곱하기부터 진행이 어려울 것이기 때문이다.

주산으로 연산의 어려움을 극복시키는 데는 실패했다. 하지만, 4년간의 적잖은 시간은 아이에게 주산을 물들이는 데는 성공을 했다.

아이는 아직도 수학 문제를 풀 때는 물론이고 일상생활에서도 덧셈, 뺄셈을 해야 할 때면 주산 암산법을 사용한다. 허공이나 책상에 오른손 엄지와 검지를 펴서 꼬물거리고 있다. 그 자세가 나오면 엄마로서 뿌듯한 마음이 든다. 하지만 이내 어디에 써서 하는 것이 훨씬 빠를 것 같은 속도를 볼 때면 나는 속으로 외치고 있다.

'안 본 눈 삽니다!'

연산을 그렇게 헤매고 있으니 학교 수학은 감히 건들 수도 없었다. 그런데 연산이 안 된다고 학교 수학을 덮어 버리면 그때부터 또 수포자가 되는 것이다.

'초등부터 수포자라니······.'

나는 이제 겨우 난독증의 굴레에서 벗어나게 된 아이가 수포자라는 또 다른 꼬리표를 달게 되는 것이 끔찍이도 싫었다. 아이도 나만큼 싫었는지 2학년이 된 아이는 수학 공부에 대한 의지를 불태웠다. 그런 아이에게 나는 수학 공부를 시켜 줘야 했다.

우선 학교 수학 익힘책을 샀다. 우리 아이들에겐 학교에서 배우는 교과서가 그게 제일이다. 편집이 조금만 달라져도 다른 글자로, 다른 문제로 인식하는 아이들이다.

그다음에 주간 계획표의 범위를 주말에 미리 공부하

게 했다. 교과서의 주 단위 예습은 난산이 있는 아이들에게 '수학 시간에 살아남기'를 가르칠 수 있는 유일한 방법이라 생각한다.

방학 때 미리 수학 공부를 시키는 경우, 마음을 한 번 더 내려놓고 접근하기를 바란다. 어디 가서 선행이라고 말하기도 부끄러운 예습이지만 우리 아이들의 머리도 하루가 다르게 성장을 한다. 그래서 방학 때 이해해 시키기 어려웠던 부분도 몇 달 뒤 학과 공부를 시킬 때는 조금 더 수월한 느낌을 받을 것이기 때문이다.

어찌어찌하다 보니 아이를 혁신 학교와 일반 학교에 다 보내게 되었다. 그러면서 느낀 점이 있다. 그것은 통합 교과를 적용하는 혁신 학교보다는 과목별 순차적 접근을 하는 일반 학교가 우리 아이에게 학과 공부를 시키기에는 편했다는 것이다. 일반 학교는 주간 계획표가 제시되고 미리 공지한 대로 수업이 이루어지기 때문에 예습을 시키기가 훨씬 용이하다.

그럼 연산은 어떡하냐는 목소리가 귓가를 맴돈다. 학과 진도에 맞는 연산 단원은 작은 수 위주로 문제를 풀게 하고 큰 수는 다음 방학 때 복습으로 시켰다. 그렇게 성실한 시간을 차곡차곡 쌓아 가니, 아이는 수업 시간에 선생님이 무슨 말을 하는지 알 것 같다며 수학 공부가 재미있어진다고 했다. 그러더니 단원평가에서 70점 이상의 점수를 유지했고 백 점을 받은 적도 있었다.

　누구에게나 최선을 다하는 시간은 최선의 결과를 가져다준다.

음악

음악 하면 가장 먼저 떠오르는 것이 바로 피아노이다. 우리 아이들도 처음에는 피아노에 흥미를 갖고 잘 다니고, 어떤 아이들은 뛰어난 음감으로 천재적인 평가를 받는 경우도 있다.

하지만 3개월이 지나고, 6개월이 지나 양손이 들어가면 이제 아이는 피아노 학원을 안 가겠다 하고 엄마는 그래도 음표는 알아야지 하며 보낸다. 얼마 못 가 엄마는 피아니스트 시킬 것도 아닌데라며 피아노를 그만두게 한다. 나는 이러한 미래가 뻔히 보였기 때문에 우리 아이를 피아노 학원에 보내는 것은 고려하지도 않았다.

생각해 보면 피아노가 아니어도 음악을 접하게 해 줄 악기들은 많다.
나는 손끝이 야무져 글씨를 잘 쓰는 아이는 현악기를, 악필이거나 운동을 잘하는 아이는 관악기를 추천한다.

내가 아이들에게 접근성이 좋은 피아노보다 현악기나 관악기를 추천하는 이유는 바로 악보에 있다. 모두 멜로디만 연주하면 되는 악기라 동시에 두 음표를 보지 않아도 된다. 한 줄도 왼쪽에서 오른쪽으로 차근차근 보기가 어려운 아이들이 위아래 두 줄을 동시에 차근차근 보며 연주실력을 올려야 하는 것이 바로 피아노라는 악기이다. 멜로디와 반주를 동시에 해야 하는 악기는 피아노로 대표되는 건반 악기들만의 특징이다.

초등학교에 입학한 아이들은 그 누구도 의무를 부여하지 않았지만 의무적으로 피아노 학원에 다닌다. 예전에는 주로 여자아이들만 다녔지만 요즘에는 두뇌 발달에도 좋고 음악 시간도 대비해 너나 할 것 없이 보내게 되는 학원이 피아노 학원이다. 그러다 보니 우리 아이도 피아노에 관심을 가지게 되었다.

우리 집에는 내가 초등학교 때부터 치던 피아노가 있었는데 한글처럼 피아노도 엄마가 가르쳐 주겠다고 했다. 나는 알고 있었다. 양손이 들어가면 우리 아이의 피아노에 대한 연주 열망은 사라지게 될 것을 말이다. 처음에는 피아노 치는 게 재미있다며 시도 때도 없이 뚱땅거렸다. 역시나 양손을 들어간 지 얼마 안 돼 우리 아이는 나에게 질문했다.

"엄마, 안 하면 안 돼?"

나는 바로 대답했다.

"응, 안 해도 돼."

그런데, 내가 아이의 의견에 수긍한 부분은 피아노였지 음악을 말한 것은 아니었다. 나는 다른 악기로 전환을 해서라도 아이에게 음표를 깨쳐 주고 싶었다. 음표 모른다고 사는 데 지장이 생기는 것도 아니고 음악은 입시와도 크게 상관있는 과목이 아니다. 하지만 엄마의 욕심일지 치료사적 사명감일지 모를 묘한 승부욕이 발동했다.

나는 클래식 음악 영상을 보여 주고, 악기 관련 책도 도서관에서 빌려주고, 오케스트라 공연까지 관람시켰다. 나는 아이에게 악기를 고를 수 있는 기회를 준다며 클래식 악기에 대한 정보를 쏟아부어 주었다. 뭐 하나 고르지 않고는 끝나지 않을 것 같은 엄마의 집념을 느꼈을 아이는 석 달 만에 배우고 싶은 악기가 생겼다고 했다.

아이는 그 많은 악기 중에 '트럼펫'을 선택했다. 역시 우리 아이는 언제나 나의 예상을 빗나가 준다. 나는 '트럼펫' 소리를 듣는 순간 아파트에서 불고 있을 아이가 상상되며 머리가 지끈거렸다.
우리 아이는 진심 어린 표정으로 전쟁 영화에도 많이 나와서 예전부터 배워 보고 싶었다는 말을 했다.

그래도 신은 나를 버리지 않았다. 트럼펫은 어린이는 배울 수 없는 악기였다. 트럼펫과 같은 금관악기를 배우려면 클라리넷으로 시작하면 된다고 한다. 공교롭게도 우리 집 건너편에 클라리넷 학원까지 있었다. 내가 이러한 이유를 설명하며 아이에게 클라리넷 연주 영상을 보여 주며 말했다.

"배워 볼래?"

나는 아이에게서 오랜만에 반짝반짝한 눈빛을 볼 수 있었다.

그렇게 해서 나는 널리고 널린 피아노 학원들을 제쳐두고 클라리넷 학원에 보내게 되었다. 클라리넷은 개인 악기도 마련해야 하고 레슨도 1:1 수업으로만 진행해 비용이 제법 드는 악기이다.

나는 이렇게까지 해서 아이에게 음표를 떼게 해 주어야 하나 고민을 했지만 망설이며 보내게 된 클라리넷 학원의 선생님이 참 좋았다. 남자아이들은 원래 그렇다며 우리 아이를 잘 이해했다. 선생님은 피아노 학원을 못 다니고 클라리넷 학원에 다닐 수밖에 없는 호기량 좋은 아이들을 많이 만나 온 것 같았다. 이러한 선생님의 내공 덕분에 우리 아이는 난독증 아이들의 또 하나의 벽, 음표를 깨쳤다!

아이에 대한 막연한 기대로 학군이 좋다는 곳에 살게 되어 상대적으로 아이가 더 외로운 학교생활을 했는지도 모른다. 그러나 주변에 다양한 학원이 많아 그 부분에서는 혜택을 제대로 누리며 살았다.

클라리넷 학원은 3년 정도 다녔는데 아이는 클라리넷을 좋아해 연주자의 꿈을 꾸기도 했다. 또 이 클라리넷의 어설픈 연주실력은 초등학교 내내 발표회 때 울궈먹는 재능이 되었다.

게다가 관악기는 학교 음악 실기 평가에서 많이 쓰이는 악기이다.
우리 아이는 악보를 보고 무언가를 입으로 불면서 손가락으로 구멍을 막는 행동을 익숙해했다. 오카리나에서 리코더, 단소까지 집에서 연습 한 번을 안 했어도 음악 실기시험을 통과해 왔다. 음악은 나의 손이 가지 않고도 학과 과정이 수행되는 유일한 학습과목이 되었다.

음악은 사치라던데, 음악에 사치를 부리니 내게 사치스러운 시간이 주어졌다.

역사

 우리 남편은 오래전부터 시대극이나 역사 드라마 광이었다.

 온전히 육아에 전념하게 된 나는 남편의 이러한 취향을 존중해 남편이 퇴근해서 텔레비전을 켜면 슬그머니 아이를 방으로 데리고 들어갔다. 그리고 아이와 놀거나 책을 읽어 주거나 하다 아이가 잠이 들면 거실로 나와 남편과 함께 드라마를 보곤 했다.

6세가 된 아이는 엄마와 방에서 노는 것보다 아빠의 드라마에 관심을 더 가졌다. 어느새 아이는 아빠의 취향을 함께하게 되었다.

밤 10시가 되면 우리 가족은 자연스럽게 텔레비전 앞에 다 같이 모여 드라마를 시청하며 가족애를 돈독히 했다. 어린이집 원장님은 한참 책의 즐거움을 알아야 할 시기에 너무 일찍 자극적인 영상에 노출이 된다며 걱정을 했다.

사실 나도 마음 한편에는 같은 걱정을 하고 있었다. 하지만, 우리 세 식구 모두가 즐겁게 보내는 시간이었고 서로 긴밀한 소통이 되는 유일한 일과를 포기하는 것은 쉽지 않았다.

이때의 〈기황후〉라는 드라마를 시작으로 〈불멸의 이순신〉, 〈대조영〉 등등 우리 집은 역사 드라마로 대동단결이 되었다. 그러다 9세가 된 아이는 드라마로 본 〈불멸의 이순신〉이 영화로 나왔다는 것을 알게 되었다.

남자아이들의 '국산 영웅 1호'가 이순신이다. 드라마로 이순신의 존재를 알게 된 아이는 책 읽기를 별로 좋아하지 않았지만, 이순신 책은 종류별로 사 모아 읽었었다.

그런데 그게 〈명량〉이라는 이름의 영화로 나왔다니 그 영화를 보고 싶은 아이의 마음은 이해가 되고도 남았다. 하지만 '15세 이상 관람가'의 영화를 이제 9세밖에 안 된 아이에게 보여 주자니 엄마로서 죄책감마저 들었다. 우선은 '15세 관람가'라는 뜻을 알려 주고 네가 15세가 될 때까지 기다려야 한다고 했다.

한 해가 지나고 10세가 된 아이는 주변에 친구들도 〈명량〉을 봤다며 같은 10대이니 이제는 좀 보게 해 달라고 본격적으로 조르기 시작했다. 몇 달 못 가 난 '15세 관람가'의 벽도 허물어 주게 되었다.

그 뒤로 아이는 〈암살〉, 〈태극기 휘날리며〉, 〈고지전〉까지 연령 제한으로 보지 못했던 전쟁 영화들을 섭렵했다. 그러더니 〈라이언 일병 구하기〉, 〈퓨리〉, 〈덩케르크〉 등등의 2차 세계 대전 영화까지 보면서 전쟁 영화광이 되는가 싶었는데, 종국에는 〈레미제라블〉에 이르렀다. 그러면서 아이의 입에서는 '혁명'이라는 단어가 끊이지 않았다.

내가 아이에게 싫어하는 야채 주스를 먹으라고 하면 "혁명을 일으킬 거야."라고 말했다. 한 날은 학교에서 여자아이들에게 대응하는 '혁명 조직'을 만들었다는 둥 옛날 같으면 어디 끌려가지는 않을까 걱정할 정도였다.

그리고 〈레미제라블〉에서 나오는 '민중의 노래'를 연주하고 싶은 마음에 클라리넷 학원을 더 열심히 다녔다. 한 번씩 아이의 취향을 엿보기 위해 들어가 본 유튜브 영상에는 전쟁과 역사 설명 영상들로 가득했다.

아이는 유튜브로 드라마와 영화에서 본 픽션과 사실을 비교해 나가고 있었다. 엄마인 나로서는 어차피 다 전쟁 영화인 건데, 너무 어린 나이에 폭력적인 영상에 노출되어 잘못되어 가는 것은 아닌가 걱정하는 시기도 있었다. 하지만 그것은 지나가는 비였다.

5, 6학년이 된 아이는 말 속에 혁명에서 파생된 남다른 어휘들이 묻어났다. 그리고 아이들이 하는 비속어에 놀라거나 어설프게 따라 하지 않고 무식하게 욕을 쓴다고 오히려 그런 아이들을 비하했다. 그렇게 아이는 중학생이 되어 갔다.

역사 과목은 물론이고 다른 아이들도 어렵다고 여기

는 국어의 고전 부분까지 이해하는 중학생이 되었다. 고전 부분 시험을 백 점 맞았다고 자랑하는 아이에게 내가 기특해하자, 아이는 이렇게 말했다.

"다 드라마에서 나오는 말들이잖아."

매일 밤 10시에 온 가족이 함께하는 드라마 시청과 그로 인한 영상 노출이 나는 아이를 키우는 데 있어 잘못된 육아 방식으로 여겨졌고 남편의 취향을 존중한다는 이유로 가정의 즐거움을 좇아 쉽게 아이를 키우고 있는 게 아닌가 자책까지 했었다. 하지만 그런 시간이 바쁜 아빠와의 관계를 돈독히 하게 했고 학습에 있어 생각지도 못한 결과를 낳게 했다.

좋은 것이 다 좋은 것만은 아니듯, 나쁘다고 생각되는 것이 꼭 나쁜 것만은 아닐 수 있다.

성

 '성', 이 부분은 아이를 키우는 부모라면 누구나 막연하게 걱정을 하게 되고 두렵기까지 한 부분이다. 성은 소통과 밀접한 관계가 있는 부분이라 나는 공부만큼이나 중요하게 생각하고 늘 염두에 두며 아이를 키우고 있었다.

 그러다 유명 가수의 인터뷰 장면이 내 머릿속에 신념처럼 박혀 버렸다. 여수에 가거나 벚꽃이 흩날리는 시기가 되면 누구나 흥얼거리게 되는 노래를 만든 가수이다. 그 가수는 어릴 때부터 엄마와 대화를 많이 나누며 자랐다고 하며 여자 친구와의 첫 키스 경험담도 엄마와 공유했다고 했다. 이 말을 들은 진행자는 너무 놀라 아무런 리액션을 하지 못하고 눈만 휘둥그레졌다.

나에게는 하루가 다르게 성숙되어 가는 아들의 성교육 목표가 설정되는 순간이었다.

아이가 4학년이 된 어느 날이었다. 여름 방학이 되어 나는 우리 아이보다 두 살 많은 사촌 형 집에서 며칠을 지내게 했다. 그런데 돌아온 아이가 뜻밖의 운동을 하고 있는 모습을 마주하게 되었다.

나는 아이에게 간식을 챙겨 주려고 방문을 열었다. 아이는 침대 위에 있었고 강아지 자세를 하고는 허리 운동을 열심히 하고 있었다. 나도 모르게 나오는 비명을 손으로 틀어막으며 조용히 문을 닫고 돌아섰다.
'드디어 올 것이 왔구나!'
내가 아이를 키우며 가장 중요하게 생각한 소통에 있어 정점을 찍을 시간이 왔다.

어릴 때부터 영상에 제법 노출이 된 아이는 드라마와 영화를 통해 대강은 알고 있었을 것이다. 하지만 저렇게 구체적인 몸짓으로 표현할 수 있는 거라면 분명했다. 야동을 본 것이다. 내 머릿속에는 그것을 확인할 수 있는 수많은 질문들이 스쳐 지나갔다.

'형이 뭐 보여줬어?', '너 이상한 거 봤니?', '야동 알아, 봤어?' 등등이었다.

어느 하나 소통의 창을 닫기에 차고 넘치는 말들이다.

나는 이상적이고 불가능해 보이는 목표만 설정한 상태였고 거기에 도달할 방법은 전혀 계획하지 못한 상태였다. 머뭇거리며 하루이틀 시간을 보내면서 성교육과 관련된 영상과 인터넷 자료, 책들을 봤다.

번쩍! 갑자기 한 단어가 내 눈에 들어왔다. 어디서 봤는지 기억에도 없다. '몽정 파티'. 외국에서는 '생리 파티'와 더불어 남자아이들에게는 '몽정 파티'를 해 준단다. 그러면 자연스럽게 부모와 성에 관한 이야기도 나눌 수 있다고 한다.

4학년이면 아직 첫 몽정을 하지는 않았을 터이다. 나

는 자연스러운 접근을 위해 그 후로도 한 달은 지나서 아이에게 말을 꺼냈다.

"몽정하면 엄마한테 말해. 엄마가 케이크 사서 파티 해 줄게."

아이는 온몸이 굳어져 눈만 말똥말똥 나를 빤히 쳐다봤다. 모자간의 금기어인 '몽정'에 '파티'까지 붙여지니 누가 들어도 놀랄 만한 단어조합이다.

"우리 아들 몸으로는 어른이 되었다는 증거니까, 당연히 축하해 줘야지."

나는 나의 교육과 육아 방식을 늘 응원하며 도와주는 남편한테 미리 말해 놓은 상태였고, 일부러 아이 아빠가 있는 데서 이 말을 꺼냈다. 남편도 나의 능청스러운 말에 열심히 맞장구를 쳐주었지만, 얼굴이 빨개지는 것까지는 어쩔 수 없었다.

아이가 6학년이 된 봄날이었다. 아이는 나에게 와서 말했다.

"엄마, 나 몽정을 한 것 같아."

며칠 전 새벽에 오줌을 싼 것도 아닌데 팬티가 젖어 놀라서 빨래통에 넣고 다시 잤단다. 그러면서 한 가지 질문을 더 했다.

"바로 말 안 하면 파티 안 해 주는 거야?"

하, 이 녀석 정말 몸만 컸나 보다! 우리 가족은 그날 아이가 좋아하는 초코케이크를 사 놓고 신나게 노래를 불러 줬다.

"몽정 축하합니다~"

스스럼없는 사이가 되는 것은 순식간이다. 문화의 향유를 위해 무심코 들어가게 되는 넷플릭스에서 생각지도 못한 문화를 향유하게 되었다. 나의 취향과는 거리가 먼 벌거벗은 여인들과 마주하게 되는 것이다. 그럴 때면 아들 방으로 달려가 소리친다.

"야, 거실 티비로는 저런 것 좀 보지 말랬지."

그럼 아들은 구시렁거린다.

"거실 티비로 보는 게 제맛인데……."

나는 한 번 더 소리친다.

"아휴, 확 그냥!"

인생은 타이밍이다. 아직 아이에게 파티를 해 줄 시간이 남아 있다면, 자식과의 화끈한 관계를 위해 용기를 내 보는 것은 어떨까?

난독증 아이를 키우는, 치료사 엄마의 비밀노트
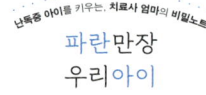
파란만장
우리아이

초판 1쇄 발행 2025. 3. 12.

지은이　엄지원
펴낸이　김병호
펴낸곳　주식회사 바른북스

편집진행　김재영
디자인　김민지
그림작가　이송현

등록　2019년 4월 3일 제2019-000040호
주소　서울시 성동구 연무장5길 9-16, 301호 (성수동2가, 블루스톤타워)
대표전화　070-7857-9719 | **경영지원**　02-3409-9719 | **팩스**　070-7610-9820

•바른북스는 여러분의 다양한 아이디어와 원고 투고를 설레는 마음으로 기다리고 있습니다.
이메일　barunbooks21@naver.com | **원고투고**　barunbooks21@naver.com
홈페이지　www.barunbooks.com | **공식 블로그**　blog.naver.com/barunbooks7
공식 포스트　post.naver.com/barunbooks7 | **페이스북**　facebook.com/barunbooks7

ⓒ 엄지원, 2025
ISBN 979-11-7263-251-9 03590

•파본이나 잘못된 책은 구입하신 곳에서 교환해드립니다.
•이 책은 저작권법에 따라 보호를 받는 저작물이므로 무단전재 및 복제를 금지하며,
　이 책 내용의 전부 및 일부를 이용하려면 반드시 저작권자와 도서출판 바른북스의 서면동의
　를 받아야 합니다.